*URBAN PUBLIC HOUSING POLICY
DESIGN BASED ON SUPPLY AND DEMAND
EQUILIBRIUM ANALYSIS*

城市公共住房政策设计
——基于供需均衡分析的考量

陶雪良 / 著

社会科学文献出版社
SOCIAL SCIENCES ACADEMIC PRESS (CHINA)

序

　　住房是人类生存的基本需要,也是人的基本权利。人人享有适当住房,是社会稳定和发展的基础。目前,我国已基本确立了市场加保障的住房供给制度,正在以前所未有的力度,推动住房保障体系的建设,力争在2020年实现"住有所居"发展目标。然而,在加速工业化和城市化发展的大背景下,地区经济社会发展水平、家庭收入和财产占有状况存在巨大差异,住房问题的历史欠账和巨大的新增需求并存等,使得中国住房保障体系建设的难度,远远超出了人们的想象。陶雪良博士的《城市公共住房政策设计——基于供需均衡分析的考量》一书,就是在这种背景下,从公共住房供给与需求存在的不均衡问题出发,研究探索住房市场化背景下解决我国公共住房供需均衡问题的政策设计理论和方法,因此,具有重要的理论和现实意义。

　　该书在总结回顾既有理论研究成果、借鉴国际公共住房政策经验及其所依存的经济社会环境变迁的基础上,对公共住房供需数量、质量及动态均衡进行了理论分析;构建了公共住房供给和需求数量的预测模型,并在案例地区应用;深入分析了影响公共住房供给效率与需求公平的因素,并对我国现有住房保障政策体系中不同保障性住房类型的供给效率与需求公平的均衡性进行了分析比较;从规范的公共政策体系出发对基于均衡性的公共住房政策构建进行了分析和阐述。

　　在上述研究工作的基础上,该书也就公共住房政策设计问题提出了一些有政策参考价值的重要观点,主要包括:第一,从供给效率与需求公平的均衡性出发,提出现阶段我国公共住房政策应该更多地发挥均衡性更好的公共租赁住房和住房公积金的作用;第二,提出我国公共住房政策设计的理论框架，应包括价值原则、分配对象、内容形式、服务递送模式和筹资方式等核心要素，建立符合国情特点的自上而下的政策制定和自下而上的政策执行机制；第三，从全国规范统一和可持续发展要求出发，提出我国公共住房政策的完善，一是推动公共住房政策范式向重视满足居民基本住房需要和保障居民基本住房权利的转变，二是构建上下结合、多主体参与、中央政策约束与地方政策创新相结合的公共住房政策实施网络，三是坚持不懈地推进有利于实现供给效率与需求公平均衡的政策与经验，以操作简明和成效显著为考量前提研究和拓展政策类型的选择范畴。

当前，中央政府和各级地方政府高度重视保障性住房建设，但关乎住房保障体系可持续性的、系统的公共住房政策设计，明显滞后于保障性住房建设的实践。陶雪良博士所做的工作，虽带有研究和探索的性质，但对于我国从事住房保障事业的政策制定者、实践者和研究者而言，均具有一定的参考价值。我愿意向读者推荐这本书，并希望它能帮助读者更好地认识和理解城市公共住房政策问题。

刘洪玉

2012年7月于北京

目 录

第 1 章　绪论 ………………………………………………… 1
 1.1　研究背景与研究问题 ………………………………… 1
  1.1.1　城市公共住房政策是要解决城市的基本住房需求问题 …… 1
  1.1.2　现阶段我国城市公共住房供需均衡问题不断衍生 ……… 2
  1.1.3　公共住房的供需均衡问题是国内外研究的重要视角 …… 4
  1.1.4　研究问题的提出 ………………………………… 6
 1.2　研究目的和研究意义 ………………………………… 7
  1.2.1　研究目的 ………………………………………… 7
  1.2.2　研究意义 ………………………………………… 8
 1.3　有关重要概念的界定 ………………………………… 9
  1.3.1　公共住房产品 …………………………………… 9
  1.3.2　公共住房政策 …………………………………… 11
  1.3.3　供给效率 ………………………………………… 12
  1.3.4　需求公平 ………………………………………… 12
  1.3.5　公共住房的供需均衡 …………………………… 13
 1.4　国内外相关研究进展 ………………………………… 13
  1.4.1　公共住房的供给效率和需求公平研究 ………… 13
  1.4.2　公共住房供需的经济学研究 …………………… 17
  1.4.3　公共住房均衡的政治经济学研究 ……………… 19
  1.4.4　公共住房的政策体系研究 ……………………… 20
  1.4.5　国内研究特点概括 ……………………………… 21

1.4.6　文献综述小结 …………………………………………… 24
1.5　研究方法及论文框架 ………………………………………… 24

第2章　城市公共住房政策设计的环境分析与理论框架 …………… 26

2.1　城市公共住房政策设计的环境分析 ………………………… 26
2.1.1　社会发展归宿：城市主义 ………………………………… 26
2.1.2　经济演变趋向：国家主义 ………………………………… 30
2.1.3　财富变迁特征：重房主义 ………………………………… 32
2.2　国内外公共住房政策构建的实践与经验 …………………… 35
2.2.1　我国城市公共住房政策的运行效果与问题 ……………… 35
2.2.2　国外公共住房政策的构建经验 …………………………… 40
2.3　城市公共住房政策设计的理论框架 ………………………… 41
2.3.1　把握公共住房政策的规范性和均衡性 …………………… 42
2.3.2　明确公共住房政策的目标原则和设计范畴 ……………… 43
2.3.3　创新公共住房政策的执行方式 …………………………… 43
2.4　小结 …………………………………………………………… 44

第3章　城市公共住房政策的适度供需均衡分析 …………………… 46

3.1　公共产品的一般均衡分析 …………………………………… 46
3.1.1　庇古均衡 …………………………………………………… 46
3.1.2　林达尔均衡 ………………………………………………… 47
3.1.3　萨缪尔森均衡 ……………………………………………… 48
3.2　适度数量均衡与政策设计 …………………………………… 49
3.2.1　数量均衡的含义 …………………………………………… 49
3.2.2　数量均衡的衡量指标 ……………………………………… 51
3.2.3　影响数量均衡的主要因素 ………………………………… 52
3.2.4　公共住房政策适度数量均衡的设计预测 ………………… 60
3.3　适度质量均衡与政策设计 …………………………………… 63
3.3.1　公共住房质量均衡的含义 ………………………………… 63
3.3.2　影响公共住房质量均衡的主要因素 ……………………… 63

3.3.3　衡量住房质量水平的指标与政策设计 ……………… 65
　3.4　动态均衡与政策设计 …………………………………… 66
　　3.4.1　公共住房动态均衡的含义 ………………………… 66
　　3.4.2　动态均衡的影响因素 ……………………………… 67
　　3.4.3　动态均衡与政策设计 ……………………………… 68
　3.5　城市公共住房政策适度供需均衡在北京市的应用研究 … 69
　　3.5.1　公共住房产品的数量需求 ………………………… 69
　　3.5.2　北京市经济适用住房供给规模影响因素的实证分析 … 74
　3.6　小结 ……………………………………………………… 77

第 4 章　城市公共住房政策供给效率与需求公平均衡分析 …… 79

　4.1　一般公共政策的供给效率与需求公平的均衡分析 …… 79
　　4.1.1　公共政策供给效率及其主要影响因素 …………… 79
　　4.1.2　公共政策需求公平及其主要影响因素 …………… 80
　　4.1.3　供给效率与需求公平的均衡 ……………………… 82
　4.2　城市公共住房政策有关供给效率与需求
　　　　公平均衡的指向关系 …………………………………… 83
　　4.2.1　经济发展与住房民生 ……………………………… 84
　　4.2.2　政府角色与市场推手 ……………………………… 85
　　4.2.3　制度安排与利益分配 ……………………………… 85
　　4.2.4　住房投资与住房消费 ……………………………… 86
　4.3　城市公共住房政策供给效率和需求公平的
　　　　影响因素与均衡分析 …………………………………… 87
　　4.3.1　影响城市公共住房政策供给效率的因素 ………… 87
　　4.3.2　影响城市公共住房政策需求公平的因素 ………… 94
　　4.3.3　城市公共住房政策供给效率与需求公平的均衡 … 98
　4.4　小结 ……………………………………………………… 100

第 5 章　城市公共住房政策的价值原则和对象选择 …………… 102

　5.1　基于均衡性的公共住房政策的价值原则 ……………… 102

  5.1.1 社会政策普遍的价值原则……………………………… 102
  5.1.2 我国公共住房政策的价值原则…………………………… 104
 5.2 基于均衡性的公共住房政策分配对象的选择……………… 108
  5.2.1 世界各国公共住房政策分配对象的发展趋势…………… 108
  5.2.2 我国城市公共住房政策的分配基础分析………………… 111
 5.3 小结……………………………………………………………… 113

第6章 城市公共住房政策的内容形式与运行方式…………… 115

 6.1 基于均衡性的公共住房政策的内容形式……………………… 115
  6.1.1 公共住房政策内容可供选择的形式……………………… 115
  6.1.2 公共住房政策内容形式的选择趋势……………………… 118
  6.1.3 我国城市公共住房政策的内容形式分析………………… 119
 6.2 基于均衡性的公共住房政策的服务递送……………………… 122
  6.2.1 公共住房政策服务递送中的选择………………………… 123
  6.2.2 我国城市公共住房政策的服务递送……………………… 126
 6.3 基于均衡性的公共住房政策的筹资方式……………………… 133
  6.3.1 公共住房政策筹资方式的选择…………………………… 133
  6.3.2 我国城市公共住房政策的筹资方式分析………………… 135
 6.4 小结……………………………………………………………… 137

第7章 结论、建议与进一步研究的计划……………………… 139

 7.1 主要结论与创新点……………………………………………… 139
  7.1.1 理论研究主要结论………………………………………… 139
  7.1.2 实证研究主要结论………………………………………… 140
  7.1.3 研究的主要创新点………………………………………… 140
 7.2 政策建议………………………………………………………… 140
 7.3 研究的局限性和进一步的研究计划…………………………… 142
  7.3.1 研究的局限性……………………………………………… 142
  7.3.2 研究的进一步计划………………………………………… 142

参考文献……………………………………………………………… 144

Table of Contents

Chapter I Introduction / 1

1.1 Research background and research questions / 1

1.1.1 The Urban Public Housing Policy meaning solving the problems of the basic housing demands in the city / 1

1.1.2 Current problems emerging from the public housing supply – demand equilibrium / 2

1.1.3 The public housing supply – demand equilibrium being the major research perspective in the world / 4

1.1.4 Bringing up the research questions / 6

1.2 Research objectives and significance / 7

1.2.1 Research objectives / 7

1.2.2 Research significance / 8

1.3 Definition of the major concepts / 9

1.3.1 Public Housing Product / 9

1.3.2 Public Housing Policy / 11

1.3.3 Supply Efficiency / 12

1.3.4 Demand Fairness / 12

1.3.5 Supply – Demand Equilibrium of the Public Housing / 13

1.4 Relevant Researches conducted in the world / 13

1.4.1 Researches on Supply Efficiency and Demand Fairness of Public Housing / 13

1.4.2 Researches on Supply – Demand of the Public Housing from an economic perspective / 17

1.4.3 Researches on Supply – Demand of the Public Housing from a political perspective / 19

1.4.4 Researches on the Public Housing Policy System / 20

1.4.5 Summary of researches in China / 21

1.4.6 Summary of the literature review / 24

1.5 Research methods and the framework / 24

Chapter II The Environmental Analysis and Theoretical Framework of the Urban Public Housing Policy Design / 26

2.1 The environmental analysis of the urban public housing policy design / 26

2.1.1 The destination of social development: Urbanism / 26

2.1.2 The tendency of economic evolution: the Theory of Nation / 30

2.1.3 The characteristic of wealth changes: Importance attached to Housing / 32

2.2 The practice and experience of the Public Housing Policy Making: Home and abroad / 35

2.2.1 Operational impacts and problems of China's urban public housing policy / 35

2.2.2 Overseas experience of the public housing policy making / 40

2.3 The theoretical framework of the urban public housing policy design / 41

2.3.1 Establishing the standards and equilibrium of the public housing policy / 42

2.3.2 Defining the objective principles and designing scope of the public housing policy / 43

2. 3. 3　Innovating the implementary methods of the public

　　　　　housing policy / 43

2. 4　Summary / 44

Chapter III　Analysis of the Moderate Supply – Demand Equilibrium of the Urban Public Housing Policy / 46

3. 1　Analysis of the general equilibrium of public product / 46

3. 1. 1　Pigou Equilibrium / 46

3. 1. 2　Lindahl Equilibrium / 47

3. 1. 3　Samuelson Equilibrium / 48

3. 2　Moderate Quantity Equilibrium and Policy Design / 49

3. 2. 1　The meaning of quantity equilibrium / 49

3. 2. 2　The measurement index of quantity equilibrium / 51

3. 2. 3　The major factors affecting quantity equilibrium / 52

3. 2. 4　Designing prediction of the moderate quantity equilibrium of the Public housing equilibrium / 60

3. 3　Moderate quality equilibrium and policy design / 63

3. 3. 1　The meaning of quality equilibrium of public housing / 63

3. 3. 2　The major factors affacting quality equilibrium of public housing / 63

3. 3. 3　The measurement index of housing quality levels and policy design / 65

3. 4　Dynamic equilibrium and policy design / 66

3. 4. 1　The meaning of dynamic equilibrium of public housing / 66

3. 4. 2　Factors affecting the dynamic equilibrium / 67

3. 4. 3　Dynamic equilibrium and policy design / 68

3. 5　A study of the application of the moderate supply – demand equilibrium of the urban Public housing policy in the city of Beijing / 69

3. 5. 1　Quantity demand for the public housing product / 69

3.5.2 An emprical study of the affecting factors of Beijing's Affordable Housing supply scale / 74

3.6 Summary / 77

Chapter IV An analysis of the Supply Efficiency and Demand Fairness of the Urban Public Housing Policy / 79

4.1 An analysis of the supply efficiency and demand fairness of general public policy / 79

4.1.1 The supply efficiency of public policy and its major affacting factors / 79

4.1.2 The demand fairness of public policy and its major affacting factors / 80

4.1.3 The equibilium between supply efficiency and demand fairness / 82

4.2 The relationship between supply efficiency and demand fairness of the urban Public housing policy / 83

4.2.1 Economic develoment and the people's well-being / 84

4.2.2 The government's role and market movers / 85

4.2.3 Institutional arrangement and benefit distribution / 85

4.2.4 Housing investment and housing consumption / 86

4.3 An analysis of the affacting factors and equilibrium of the the supply efficiency and demand fairness of the urban public housing policy / 87

4.3.1 Factors affecting the supply efficiency of the urban public housing policy / 87

4.3.2 Factors affacting the demand fairness of the urban public housing policy / 94

4.3.3 The equilibrium between supply efficiency and demand fairness of the Urban public housing policy / 98

4.4 Summary / 100

Chapter V The Value principles and Object Selection of the Urban Public Housing Policy / 102

5.1 The value principle of the equilibrim – based urban public housing policy / 102

5.1.1 The universal value principle of social policy / 102

5.1.2 The value principle of China's public housing policy / 104

5.2 The object selection of the equilibrim – based public housing policy / 108

5.2.1 The world's trends and development of allocation object of public housing policy / 108

5.2.2 An analysis of the allocation basis of China's public housing policy / 111

5.3 Summary / 113

Chapter VI The Content Format and Operational Mode of the Urban Public Housing Policy / 115

6.1 The content format of the equilibrium – based public housing policy / 115

6.1.1 The format alternatives of public housing policy / 115

6.1.2 The choice tendency of the content format of public housing policy / 118

6.1.3 An analysis of China's content format of urban public housing policy / 119

6.2 The service delivery of the equilibrium – based public housing policy / 122

6.2.1 The choices in the service delivery of public housing policy / 123

6.2.2 The service delivery of China's urban pubic housing policy / 126

6.3 The financing modes of the the equilibrim – based public housing policy / 133

6.3.1 The choice of financing modes of public housing policy / 133

6.3.2 An analysis of the financing modes of China's urban public housing policy / 135

6.4 Summary / 137

Chapter VII Conclusions, Suggestions and Plan for Further Research / 139

7.1 Major conclusions and innovations / 139

7.1.1 Major conclusions in theoretical research / 139

7.1.2 Major conclusions in emprical research / 140

7.1.3 Major innovations of the research / 140

7.2 Policy suggestions / 140

7.3 Limitations of the research and plan for further research / 142

7.3.1 Limitations of the research / 142

7.3.2 Plan for further research / 142

References / 144

第1章 绪论

1.1 研究背景与研究问题

1.1.1 城市公共住房政策是要解决城市的基本住房需求问题

城市住房问题是世界绝大多数国家在经济发展和城市化进程中都曾遇到或正在经历的难题。

19世纪,西方国家工业革命相继发轫,自由市场经济快速发展,启动了城市化进程,住房需求迅速增长。由于工业发展和人口向城市快速集中,形成了对城市土地和住房供给的需求增长,产生了住房供应的绝对短缺,导致住房价格不断上涨。当住房价格高于中低收入家庭支付能力时就会产生住房有效需求不足的问题,从而导致大量贫民居住在拥挤不堪的环境中,并由此产生了贫困、犯罪、疾病和道德约束力下降等一系列的社会问题,危害整个社会的发展和稳定。在19世纪末,由于相当一部分人口不能承担住房的市场价格,住房供给成为一个社会课题(阿列克斯·施瓦兹,2008)。于是,政府采取了介入干预的方式,针对没有能力自己解决住房的低收入群体,通过实施支持性的住房政策,引入可用于替代市场住房的"非营利"住房,从而在19世纪末20世纪初产生了现代意义上的城市公共住房政策。比如,作为初期的社会变革,美国芝加哥的公共住房建设的一个重要目标就是要以质量更好的住房替代被认为是许多严重社会问题的根源所在的贫民窟(Quillian L, 2010)。

在我国城市尤其是大中城市住房供需矛盾日益尖锐的形势下,中央政府和各级地方政府都越发重视城市公共住房的制度和政策建设，把改善人民群众居住条件特别是解决低收入家庭住房困难作为城市建设和住房政策发展的目的所在。在2010年底召开的中央经济工作会议和2011年颁布的《国民经济和社会发展第十二个五年规划纲要》中，均对建立完善我国住房制度的供应体系提出了要求和部署。

但是，正如很多发展中国家一样，我国市场住房供应数量和质量上的欠缺因为人口总量的增长和乡村人口向城市大规模的转移而加剧了。世界银行的估计认为，在低收入发展中国家，每一单位住房新建成的同时，又有九户新的家庭产生（保罗·贝尔琴等，2003）。同样，在中国，由于人口基数大，随着城市化水平的快速提高，城市住房的供给需求不平衡矛盾越来越突出。特别是我国1998年住房制度改革后，住房大部分采用商品化、市场化配置，房价持续上涨导致一大批居民无力购房。两大力量汇总起来，给我国的城市住房供需均衡带来了巨大的压力，城市的基本住房需求问题日益突出，对公共住房政策的企盼亦日益迫切。

1976年，联合国召开了第一届人类居所大会，对住房问题给予了重大的关注，引起了人们对自身居住状况和拥有适当住房的基本权利的重视，自此，住房和庇护所成为一种基本人权。每个人都应拥有合适住房以及住宅环境的不断改善，已成为人类两大住房发展的基本目标。基于对住房需求的深入研究，《中国21世纪议程》（《中国21世纪议程——中国21世纪人口、环境与发展白皮书》，1994）就指出，对于每个人及其家庭的幸福而言，舒适、安全的住房是不可或缺的。要努力改善居住区的基础设施和环境状况，建设环境优美宁静、舒适宜居的住宅小区。2005年，住房和城乡建设部主持的《全面建设小康社会居住目标研究》提出，要从五个方面包括21项指标来衡量我国到2020年住房供给要达到的主要标准，包括数量、质量和居住品质、住宅的配套设施、居住环境以及居住服务，等等。

1.1.2 现阶段我国城市公共住房供需均衡问题不断衍生

当前，我国城市公共住房的供需矛盾依然存在，中低收入群体的住房需求还没有得到很好的解决，主要体现在以下几个方面。

（1）我国城市公共住房政策还没有完全做到应保尽保，即使是对最低收入群体的住房需求。一般低收入家庭可按家庭收入的20%交纳租金，最低收入线以下家庭则可按家庭收入的15%交纳租金，低保家庭[①]应保证落实全额租金补贴。以上是《国务院办公厅转发建设部等部门关于调整住房供应结构稳定住房价格意见的通知》（国办发〔2006〕37号）所作的规定，但事实上这一规定没有完全落实到位。目前，就全国而言，廉租住房的分配对象主要还是针对一部分低收入家庭范围。根据住房和城乡建设部网站资料，截止到2009年底，全国共有435.8万户住房困难家庭正在落实廉租住房保障。而2009年全国城镇住房十分困难的低保户家庭大约有450万户，加上低收入住房困难家庭达到1000万户，占城镇家庭总户数的5.5%（中国房地产研究会住房保障与公共政策专业委员会，2010）。从最新的情况来看，我国公共住房建设进展仍然不容乐观。全国人大常委会专题调研组在关于部分重大公共投资项目实施情况的调研报告中反映：2010年国家下达的保障性住房建设计划，中央财政投入692亿元，占30%，截至8月底，包括追加100亿元在内的中央财政保障性住房建设资金已全部下达。但地方配套资金仍然存在不到位的情况，完成全年保障性住房建设计划存在不少困难（全国人大常委会保障性住房建设专题调研小组，2010）。而且，这些统计和测算还未考虑到农村进城务工人员及其他特殊群体的住房需求。

（2）我国现有的公共住房，特别是廉租住房的质量低于社会认可标准，质量不均衡的问题突出存在于各类公共住房之间。居民认为自身居住条件一般或不满意的超过半数，改善自身居住条件的愿望非常强烈。相对而言，租住市场住房的居民以及廉租房住户对自身住房条件的满意程度明显低于其他家庭。同时，我国城镇还面临大量的过旧住宅以及集中成片棚户区需要加以改造。

（3）我国城市公共住房政策保障水平在全国不同城市间的分布并不均衡。根据住房和城乡建设部网站资料，2009年，从收入条件来看，35个大

[①] 根据国家统计局的城镇家庭收入分组方法，我国城镇家庭依户人均可支配收入由低到高排队，按10%、10%、20%、20%、20%、10%、10%的比例依次分成最低收入户、低收入户、中等偏下收入户、中等收入户、中等偏上收入户、高收入户、最高收入户等七组，总体中最低的5%为困难户。

中城市廉租住房保障的收入条件（家庭人均月收入）平均为587元。其中，济南、厦门、石家庄、福州等东部城市的收入条件为低保标准的两倍以上，明显高于大多数西部城市。从住房条件来看，35个大中城市廉租住房保障的住房条件（家庭人均住房建筑面积）平均为12平方米。其中，宁波、大连、广州等东部城市明显超过该平均水平。

（4）由于住房市场短期缺乏弹性，供需的短期变化会导致住房价格剧烈波动，而使得一部分原来能够支付市场化住房的群体变得无力支付，加剧住房市场上的供需矛盾，需要更多的住房政策予以关注和解决（刘洪玉，2007）。以北京市为例，受土地供给、金融政策等因素影响，2005年以来住宅竣工面积呈下降趋势，反映出短期供给减少，2006、2007和2008年则快速下降，降幅分别达到15.3%、9.5%和24.5%，直到2009年才重新增长15.3%（北京市统计局，2010）。在我国城市住房供需矛盾处于不断加剧的过程中，住房需求无法通过市场得到满足的群体范围在扩大，不再只是低收入阶层无法通过市场获得住所，许多中低收入阶层在持续高涨的房地产价格面前也无力支付，出现了"夹心层"（既无力购买商品房也无法获得保障性住房的群体）等类似的名称。此外，Ya Ping Wang（2000）认为我国城市居民中的贫困群体住房问题已经受到广泛关注，但是从农村到城市的移民这部分贫困人口的住房提供还没有正式的官方文件来保障。

多方面、多层次的供需矛盾给我国住房政策带来了前所未有的挑战，针对需要制定什么样的城市公共住房政策，重点要解决哪部分人的住房需要，如何解决等问题，需要对当前我国住房市场的发展阶段、供需矛盾、政策目标、对象、政策手段等进行深入剖析，需要公共政策手段与市场手段的共同介入并进行系统、持续的研究。显然，坚持政府保障和市场供给相结合是解决城市住房问题的基本策略，因为住房价格问题只是矛盾的表象，住房供给体系的合理安排才是解决问题的关键所在。

1.1.3　公共住房的供需均衡问题是国内外研究的重要视角

综观西欧、美国、日本等国家的公共住房政策，虽然产生的背景不同、所依据的福利观（价值观）差异巨大、相应的政策手段也千差万别，但是归根结底，针对的都是"住房是人类最基本的物质需求"这一问题。

随着公共住房政策的不断发展，公共住房的供需问题不再局限于简单的供给与需求数量均衡，公共住房在质量、空间分布等方面的不均衡同样引起决策者和学者的关注。如 Burns L 和 Grebler L（1977）总结了住房需求存在的四种基本不均衡形式，即：（1）静态不均衡，是指在一个地理区域里住房数量和家庭数量之间总体上不均衡；（2）动态不均衡，是指和需要相联系的房地产供应上的过剩或短缺量化程度总是随着时间不断变化；（3）空间不均衡，是指在一个国家、地区或城市内部不同区域间的短缺或过剩分布上存在不均衡；（4）质量不均衡，是指"一些家庭住宿条件可能低于社会大多数人可接受的标准"，比如说它的大小、质量状况和舒适程度如供水系统、内置的卫生间及供热设施等。同样，公共住房也存在多种不均衡，相关研究推动了公共住房政策领域的创新和发展，包括探讨：（1）公共住房的数量供需均衡研究；（2）区域性公共住房；（3）与公共住房联系在一起的就业、入学等相互关联的政治经济学意义上的公共住房政策内容的发展。

公共住房问题并非只是供给和需求的基本经济层面的问题，它涉及对社会公共利益的再分配问题，因此，关于公共住房的供给效率和需求公平的均衡也成为均衡探讨的重要内容。在旧福利经济学探讨住房保障等社会福利最大化的基础上，新福利经济学提出寻求经济平等和效率之间的最优交替的途径。福利国家经济学的奠基人尼古拉斯·巴尔（2003）分析了福利国家住房政策的成功与失败之处，对政府干预住房的效率、公平与政府和市场提供住房政策的类型进行了论述。社会保障理论，包括住房保障理论的演进长期以来都围绕着政府与市场、公平与效率两大主题而展开，对公共住房政策也产生了相应的影响。

在公共住房政策的实证和理论研究过程中，公共住房的均衡问题逐渐成为住房经济学研究的核心和焦点，相关成果大量刊载于国内外学术期刊中。上述发展，也正为我国学者推动相关领域研究发展，更好地分析现实问题、服务于科学决策需要，提供了有益的启示。

总之，我国住房尤其是公共住房供需面临的诸多不均衡问题对完善我国的公共住房政策体系提出了迫切的要求。思考新时期我国公共住房政策的设计，就不仅仅是对原有政策的修补和完善，更重要的是以科学理论和国际经验为借鉴，促使公共住房政策向科学化、系统化、动态化的方向发展。

1.1.4 研究问题的提出

经过20多年的发展，我国公共住房政策的研究和实践有了初步的进展，然而，面对一定社会经济环境、发展阶段下的供需不均衡的公共住房问题，我国自上而下的城市公共住房政策设计应该遵循什么样的理念、路径和目标？公共住房政策体系其清晰的脉络和系统的框架是什么？要全面地回答这些问题非常困难，也不是一篇论文所能解决的。本文试图探讨其中涉及的两个关键问题。

1.1.4.1 我国城市公共住房政策面临的供需不均衡问题

住房问题体现的是人类基本居住需求得到满足的状况，体现为相关的数量、质量等方面的均衡。在以住房市场为基础的住房分配和供应体系中，人们对于住房质量和数量的满足程度取决于其对住房的可支付程度，包括购买住房和租用住房。当支付能力不足、基本住房需求无法通过市场得到满足时，就需要公共住房政策给予帮助。而在一定的公共资源限制之内，供给的效率和需求公平也是供需关系的重要问题。如果说供需数量均衡是政策实施的技术层面的均衡问题，那么供给效率与需求公平的均衡是政策效果的价值层面的均衡问题。

从供需均衡的角度出发，公共住房政策的供给受到特定环境、特定阶段的供给能力的影响。因此，结合供需的动态性特征，本文还要研究的一个重要问题是公共住房政策的供给效率与需求公平会受到哪些因素的影响。

1.1.4.2 我国城市公共住房政策的规范理论框架问题

在市场经济大背景下，对城市公共住房政策进行系统研究，要研究的重要问题就是：根据国际经验和我国的公共政策现状，以均衡为基本目标的政策规范形式和实质包含的内容，我国当前政策体系存在的问题和需要完善的地方。

主要包括：(1) 公共住房政策遵循的价值原则的合理性，这也是供给效率和需求公平的重要内容；(2) 公共住房政策的内容形式的完整性；

（3）自上而下的公共住房政策服务内容递送到需要者的顺畅性；（4）公共住房政策资金来源的充足性。

上述主要研究问题的逻辑结构归纳如图1-1所示。

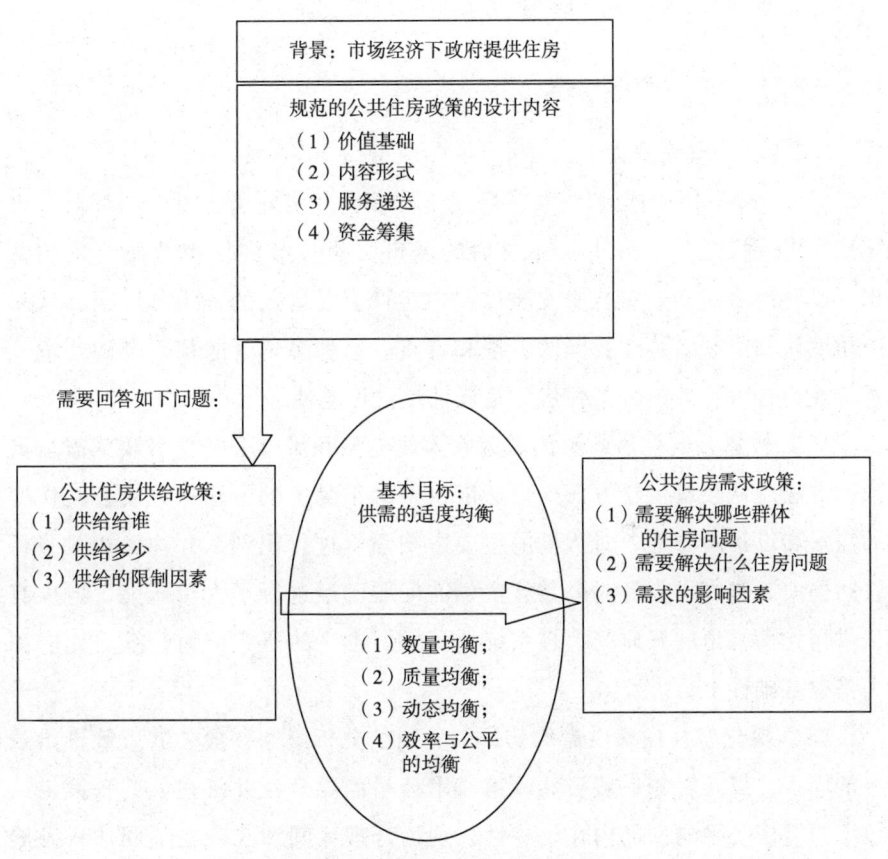

```
背景：市场经济下政府提供住房

规范的公共住房政策的设计内容
（1）价值基础
（2）内容形式
（3）服务递送
（4）资金筹集
```

需要回答如下问题：

```
公共住房供给政策：          基本目标：              公共住房需求政策：
（1）供给给谁              供需的适度均衡           （1）需要解决哪些群体
（2）供给多少                                          的住房问题
（3）供给的限制因素                                  （2）需要解决什么住房问题
                         （1）数量均衡；            （3）需求的影响因素
                         （2）质量均衡；
                         （3）动态均衡；
                         （4）效率与公平
                             的均衡
```

图1-1 研究主要问题的逻辑结构

1.2 研究目的和研究意义

1.2.1 研究目的

本文将基于对我国城市公共住房政策所面临的社会经济环境的分析，针对供需矛盾突出、公共住房政策很不完善的现实背景，致力于从供需均衡分析出发的城市公共住房政策设计理论和方法的研究。通过构建公共住房产品需求和供给数量的预测模型，对影响公共住房政策供给效率与需求公平的因素作出详细分析，并对现有公共住房政策的供给效率与需求公平作出均衡性比较，对规范的公共住房政策构建进行分析等，为我国城市公共住房政策的调整和完善提供参考依据和决策支持。

1.2.2 研究意义

1.2.2.1 理论意义

（1）分析和归纳影响公共住房政策的社会经济环境特点。加深对城市化发展中人口迁移、城市扩张背后的城市文化扩散和城市特质蔓延的认识，以厘清房地产业在自身发展过程中对社会财富观的冲击和影响；从新的角度认知市场经济在我国的表现和特点。这种多角度的社会经济环境分析旨在为合理有效的公共住房政策设计提供可能性。

（2）构建公共住房政策的家庭收入线模型和城市公共住房政策需求量预测方法。从数量供给方面构建适度供给水平测度的方法；并从公共住房的需求和供给两方面，对规模的主要影响因素进行识别，并构建相关分析思路框架。国内学者针对公共住房供需问题已经进行了大量研究，但少有从供需均衡视角展开研究，且系统性不够。本文的研究应为后续研究的深入搭建基础性平台。

（3）深化公共住房供需均衡研究。归纳分析影响一般公共政策供给效率的因素，以及影响一般公共政策需求公平的要素，并阐述公共政策供给效率与需求公平均衡的内在统一性、均衡合理区间和二者在不同住房发展阶段的优先原则。在城市公共住房政策供需均衡分析的技术层面基础上，拓展城市公共住房政策所包含的效率与公平的价值层面的意义。

（4）丰富城市公共住房政策研究的实证方法。选取北京市进行思路和方法的应用研究，验证影响公共住房产品数量均衡政策设计的基本要素。这种将理论研究成果实证应用于典型城市，进行政策设计与评估的研究方法试图为后续研究提供借鉴意义。

1.2.2.2 实践意义

客观而言，我国的城市公共住房政策刚刚起步，政策体系还远未清晰、完善，在资源约束条件下如何确保供需数量、质量以及效率与公平的均衡，更是一个难题。本文研究工作的实践意义主要表现在：

（1）为城市公共住房主管部门提供分析公共住房需求的参考框架。选择国民经济发展水平、居民消费及居住水平和住房市场状况等指标确定公共住房产品供需的影响因素的实证研究思路及需求预测，作为城市公共住房主管部门分析研究所在城市公共住房需求问题的参考框架。

（2）为检验城市公共住房政策的均衡性提供方法和标准。归纳分析影响城市公共住房政策供给效率的政府作为、资源投入力度、公共住房建设组织机制因素，以及确保需求公平的选择合理对象、确定保障方式和制定政策标准三大要素，为各城市检验公共住房政策均衡性提供参考依据。

（3）为完善城市公共住房政策体系提供思路。构建的公共住房政策规范体系，能够为各城市主管部门调整和完善城市公共住房政策体系提供决策思路。

1.3 有关重要概念的界定

由于公共住房政策涉及的诸多概念在各个国家并不相同，在我国学者研究中的使用也不尽相同，因此，首先对论文要讨论的重要概念的内涵和外延给予说明和界定。

1.3.1 公共住房产品

1.3.1.1 公共住房产品的基本概念

公共的含义是指一群个体或者一个地方、一个国家或多个国家。如果某种物品在完全竞争市场中不会被提供或者提供的效果不理想，就需要政府的介入来予以提供。公共住房就是这样一种物品，它涉及无法通过或无法完全通过市场来得到满足的一群个体的共同利益，需要政府给予关注。公共住房的这一内涵在世界范围内得到了广泛的认可，各国都根据特定时期的需要建造或参与提供公共住房产品。

但是公共住房的具体概念在各个国家的使用并不相同，根据其供给的对象范围可以分为三类。一类是以美国为代表的 Public Housing 的概念，指特定的一种类型的政府提供的租赁住房；第二类是中国内地大多数学者较为认可的，即向没有市场支付能力的中低收入群体提供的住房，包括租赁和出售两种；第三类是以新加坡、中国香港等为代表的具有福利性质的住房，面向的对象范围较广（孟晓苏，1998）。但是它们都有一个共同特征，就是政府完全介入或政府参与和市场共同来提供。随着房地产市场的发展、住房短缺问题的解决，以及政府财政支出上的压力和自由市场思潮的影响，在很多国家尤其是第三种类型的国家或地区里出现了公房出售的浪潮。第一种类型的公共住房概念逐渐成为各国政府参与提供的主要类型，而"可支付住房"的概念渐渐取代纷杂的概念成为一个广为接受的概念。

根据美国住房和城市发展部（Housing and Urban Development Department，HUD）的定义，公共住房（Public Housing）是建造以提供给符合条件的低收入家庭、老年人、残疾人的合适和安全的租赁住房。公共住房拥有所有的规模和类型，提供给从单个家庭到多人家庭。目前美国有将近120万家庭居住在公共住房中，这些住房由2200个住房管理机构来管理。HUD负责为地方住房机构提供联邦资助，以帮助低收入居民以可支付的租金来租住。HUD还负责提供技术和规划、发展和管理上的专业支持（潘文辉，2005）。而根据维基百科对世界各国实际情况的总结，公共住房专指政府为低收入居民提供的住宅，通常是公寓形态，由政府出资兴建和拥有业权，以廉价租金出租给居民；以便宜为第一考虑，所以用料、装潢、景观等通常都是最差的。中国大陆称为廉租房，日本称为公营住宅。

值得注意的是，在像我国北京这样的特大城市里，由于市场需求旺盛，房价水平很高，住房供给不足依然是重要问题。因此，在我国公共住房的概念外延依然较宽，包括廉租房、经济适用房、公共租赁、限价商品房、棚户区改造住房和定向安置房等，政府参与到这种房屋的供给过程中。这也是本文所讨论的公共住房概念。

1.3.1.2 保障性住房

住房保障是社会保障的基本组成部分，2004年9月7日，国务院新闻办发布的《中国社会保障状况和政策》白皮书规定了"中国的社会保障体系包括社会保险、社会福利、优抚安置、社会救助和住房保障等"，将住房保障纳入社会保障体系范畴。可以说，我国社会保障的直接对象就是最狭义上的住房保障对象，涵盖了由于伤病、残废、失业以及其他原因发生的失去或停止收入来源而必须进行特定帮助者。从广义上说，城镇中无法从市场获得住宅的低收入居民家庭都应该列入住房保障的体系中。但在一定的条件约束下，住房保障范围是一个逐步发展的过程。目前，我国的保障性住房包括廉租房、经济适用房和经济型租赁房，与公共住房的概念基本是一致的。

在外文文献中，最常看到的是低收入群体住房的概念，即提供给低于国家或地区平均收入50%以下群体的住房及相关援助。

在我国，保障性住房、低收入群体住房和公共住房的概念基本一致，在文献中有时会看到混用的现象。本文在进行文献研究时，将其作为基本相同的概念予以综述。

1.3.1.3 可支付住房

可支付住房（Affordable housing）的概念始于美国自20世纪20年代开始发展的自助合作的种族和联盟团体为获得适宜住房的努力，是指整体住房成本对于特定收入范围的群体来说是可支付的，虽然通常应用于低收入群体租住房屋，但也可以用于所有收入阶层购买或租住房屋。

1.3.2 公共住房政策

公共住房政策是政府干预公共住房供给与需求的手段和形式，是政府为了达到一定的政策目标，设计和实施的一系列与公共住房产品有关的公共政策的总和，包括住房直接供给政策、补贴政策、管制政策、财政政策、金融政策、税收政策等（刘洪玉、郑思齐，2007）。

公共住房政策的体系包括三个层次：

（1）公共住房政策的目标与原则，即政府要通过公共住房政策达到的目标，例如解决中低收入群体住房问题，让人人都能居住在体面的住房中等；

（2）实现政策目标的行动；

（3）在执行行动的过程中采取的具体措施。

这三个层次从上至下，逐步丰富和具体化，在各个国家都有着各自的特色。

鉴于前面的概念界定，本文将公共住房政策与低收入群体住房政策和住房保障政策视为同一概念在论文中给予介绍和评价。

1.3.3 供给效率

本文所指的供给效率是指从效率角度来评判公共政策的供给水平，即表征政府组织提供公共产品能力和水平的指标，也即政府为社会公众组织公共服务的能力和水平的反映。供给效率直接影响到公共政策的功用和效果，也影响到社会公众对政府行为能力和形象的评价。所以，任何一项公共政策的出台，要想真正起到作用，实现政策目标，首先在政策供给上必须要确保效率，确保在一定时期内使政策成效得到体现。公共住房政策的供给效率就是指政府为社会组织提供公共住房产品的能力和水平。要想解决公共住房问题，首要的就是要确保公共住房政策的供给效率。

1.3.4 需求公平

本文所指的需求公平是指从公平角度来评判公共政策实现和满足需求的状况。公平问题与社会福利息息相关。庇古基于边际效用递减的法则提出了这样一个思想，即保证收入均等化是增加社会福利的前提条件。社会经济福利能够达到最大化时，应该也是当全部人的收入均等化并使货币边际效用一致时（厉以宁，1986）。在此基础上，新福利经济学又提出了补偿原则和社会福利函数理论。补偿原则是指从市场受益者那里取走一些收入以补偿那些受损者，增加社会整体福利（黄有光，1991）。社会福利函数理论认为，社会福利是社会全部成员所购商品、所供要素和其他相关变量的函数，福利最大化取决于这些变量的排列组合情况和每个人对这种排列组合的选择。公共政策的需求公平包含了接受公共服务的对象、过程和满足其需求的结果都是具有公平性的。换言之，需求公平是指将公共产品分配给有合理需求的特定对象的标准是适当的、过程是公平的、效果是福利最大化的。公共住房政策的需求公平即指向低收入家庭提供公共住房产品的标准、过程和效果是具有公平性的。在确保供给效率之后，只有确保需求公平才能真正确保公共住房政策实现目标。

1.3.5 公共住房的供需均衡

房地产市场是非均衡市场，对该市场的政策研究应该在非均衡分析的框架下进行。公共住房则与市场住房不同，它是政府主导下的政策性住房。相比市场住房，公共住房的供需均衡问题尤为重要，尽管在其发展过程中供需非均衡的特征同样非常显著，即在一定阶段内供给明显满足不了需求，但供需均衡的目标必须明确。因为是政府行为，故公共住房政策的设计、发展都必须以实现公共住房的数量、质量、动态和效率、公平的均衡为目标。因此，本文的供需均衡分析是以实现公共住房的供需均衡目标为分析框架。

1.4 国内外相关研究进展

1.4.1 公共住房的供给效率和需求公平研究

从20世纪初以来，福利经济学和国家干预主义已经针对公共住房政策的依据以及政策的效率与公平问题进行了大量研究。尽管政策所依托的国家政体和社会价值观不同，但其基本思路仍然能为我国公共住房政策的研究提供重要借鉴和依据。本文对关于公平与效率均衡的研究做一简要回顾。

1.4.1.1 效率和公平的最优替代

公共住房政策公平和效率的研究源于福利经济学对具有收入再分配性质的社会保障政策"福利效用"的分析，这也是福利国家公共住房政策的重要依据。效率与公平之间的均衡问题本身就是社会经济发展中无法回避的永恒话题，其在城市公共住房政策中的体现，则为供需均衡技术层面考量之外拓展了价值层面的意义。效率指标是考察住房、医疗、学校等公共服务的生产量，以实现社区总收益的最大化。公平问题考察的是在不同的社会成员之间分配这些产品及服务时的公正和公正性（朱利安·格兰德等，2006）。

以庇古为代表的"旧福利经济学"① 家们通过对再分配效用的研究分析，主张直接向穷人提供补贴。其途径之一就是强制转移：一方面国家通过给付失业补助金、养老金、教育费、医疗费和住房补贴等，直接扩大低收入者的实际福利，以增大社会整体福利；另一方面，政府对于低收入者最迫切需要的生活用品的生产部门和服务单位给予适当补贴，促使其降低服务和产品的价格，使低收入者受益（厉以宁，1986）。当然，住房也被包括在内。

新福利经济学则对公平和效率问题给予了更多关注，认为公平与效率是两个相互矛盾的政策目标。社会政治制度要求所有社会成员都应该拥有"平等权利"，但是，在市场经济条件下，必须根据效率向生产要素供给者提供合适报酬，经济制度所体现的竞争原则必然表现为优胜劣汰、贫富差异。在经济平等和效率之间，存在一种互为代价的替代关系，被称为平等与效率的交替。解决这个矛盾的途径，就是设法寻求平等与效率之间最优交替的办法（黄有光，1991）。从制定国家经济政策的视角来看，要完善福利措施，尤其是对丧失劳动能力的人和有劳动能力但无稳定职业或收入很低的人等（厉以宁，1986）。

作为福利国家经济学的奠基人，尼古拉斯·巴尔（2003）针对公共住房政策问题，分析了福利国家住房政策的成功与失败之处，对政府和市场提供住房政策的类型与政府干预住房的效率、公平进行了论述。他认为，20世纪80年代以前公共住房政策是福利国家社会政策中最不成功的部分，主要是因为政策制定者们混淆了手段与目标之间的区别。不是目标的选择不当，而是所采取的手段无法达到目标。最终产生了一些问题，例如对购买自住住房的税收减免有可能使得穷人拥挤不堪甚至无家可归，自有住房业主及有机会获得地方政府公房的人却受到激励去设法消费更多的住房，所以一方面导致了过度居住消费，另一方面又造成了居住不足，而且富人还得到了补贴。这些问题也是各国公共住房和住房补贴政策经常受到批评的原因之一。

---

① 以庇古为代表的建立在基数效用理论基础上的早期福利经济学被称为"旧福利经济学"，以卡尔多希克斯、勒纳、西托夫斯基等为代表的建立在帕累托理论基础上的福利经济学被称作"新福利经济学"。

20世纪80年代以来，住房政策研究的重点开始集中在这些复杂的问题上，主要精力集中在通过不同手段来解决住宅市场化过程中所存在的效率与公平问题（尼古拉斯·巴尔，2003），以及对于各种补贴方式的效率与效果的比较。一般结论主要有：市场比政府更有效率，补贴比直接提供的效率更高，而收入补贴比直接的住房价格补贴效率更高。

1.4.1.2 政府与市场的相互补充

然而，在福利国家体系之外，在以美国为代表的自由经济体系中，福利支持是极其微小的，但是在家庭无足够能力解决住房问题时，国家是愿意承担住房提供者角色的。也就是说，在福利经济学之外，另外一种理论和模式也曾支持过自由市场国家的公共住房提供，这就是国家干预有效需求。

20世纪30年代，凯恩斯及其追随者们论证了社会保障的短期均衡效应（创造有效需求，刺激经济）和长期均衡效应（凯恩斯，1936），另外其国家干预的思想也指导着美国在20世纪30年代经济大萧条中政府对住房市场的干预。其目的在于：一是为了重振经济，二是为了解决失业人口的居住问题。可以说，直至20世纪70年代以前，福利国家和自由市场国家的住房政策都以政府高度干预、政府直接提供为特征。

在国家干预视角下，住房保障与经济发展可以实现良性互动。我国也有学者提出，住宅市场是一个连续的市场，通过系统完善的公共住房政策，为中低收入家庭住房提供稳定、持续的获取渠道和政策支持，对于以住宅市场为主体的房地产市场的健康发展具有重要意义，同时也通过对社会环境的协调、政治环境的协调、金融环境的协调等对国民经济产生重要影响。住房市场是一个复杂的系统，涉及消费、财政、金融乃至整个宏观经济的发展（刘洪玉，2006）。住房不能够只从单一角度看待。一方面，住房是人的基本需求和权利，适足的住房在世界上的大多数国家都被看做是基本人权，住房标准影响整个社会的福利水平；另一方面，住房构成私人财产的特殊的一种，可以在市场上进行交易。中央和地方政府的住房政策目的应该在于寻找一种机制，既能够发挥住房市场的效率功能，又能为所有社会群体提供可支付的住房。但是如果从本质上来看，公共住房在社会保障层面所发挥的社会功能应该是其主要功能，而经济功能只是其所派生出来的功能而已。

1.4.1.3 作为公共产品的公共住房

随着人们对公共住房问题的不断关注，目前世界各国在其公共管理过程中，都将公共住房的提供视为公共产品，通过严格供应对象来实现供给效率和需求公平的均衡。

公共住房的公共产品性质来源于三个方面：第一个依据是分配问题，假定某社会群体由于种种原因买不起住房或尽管政府给予了很大程度的收入支持，住房条件依然很差。第二，联系到上一个依据，认为社会必须确保建立和维持最基本的住房消费和住房条件。原则上，较差的住房标准代表着环境对健康的威胁。于是，公共部门供应低成本住房被看成是一种在住房部门最底层进行的住房水平控制的手段。第三，仅仅利用一系列的收入补贴不能解决为低收入家庭提供充足住房的区域性和地方性短缺问题，于是有必要介入到供给一方，以较低价格和控制成本直接提供充足的合适的住房是必要的。而达到目标住房水平的成本较低的方法是直接的供给/价格补贴（保罗·贝尔琴等，2003）。其他相关的对公共住房产品的性质从经济、社会角度进行的讨论还有很多，几乎每一篇讨论住房问题和公共住房问题的文献中都会涉及。

此外，由于公共住房与住房市场间的相互联系，政府也要为防止住房市场失灵来提高住房市场的效率。（1）住房市场可以是完全信息市场，但需要政府制定标准予以管制，市场机制在处理住房方面的信息问题时非常有效，房屋商品价格、品质可以通过专业服务来获得。但政府的作用是制定有关审查评估行业及住房保险政策方面的最低标准。（2）外部性。住房会带来公共卫生等风险，所以需要规定住宅最低标准；住房产品存在空间外部性，所以需要对住房分区并规划控制；贫民区问题，使得改建房屋会涉及随之而产生的资金以及公用事业方面的交易成本，使管制成为必然。所以，在住房市场中，多种形式的管制、特定的限制性补贴、贷款或贷款保证的公共供给都有可能提高效率。

政府需要介入住房市场来保证该领域的公平。公平包括横向的公平和纵向的公平两种。横向公平涉及的是居民在获取住房相关资本市场的准入方面，尤其是对无法支付高房价和难以通过抵押获得贷款的中低收入群体而言。纵向公平是指通过收入再分配来保障最低收入群体的住房条件。

1.4.2 公共住房供需的经济学研究

供给和需求之间的均衡是经济学的基本命题。学者们通过研究，已经对按区位、物业类型、建筑年限、产权属性等住房特征和以种族、收入等消费者家庭特征为标准进行的住房市场进行了细分。在此基础上，公共住房的研究者们和政策制定者们对相关群体的消费特征进行了细分和持续的研究，为住房公共政策的制定提供了依据（刘洪玉等，2007）。

首先，对贫困人口的定义与公共住房政策。对贫困人口的定义不只局限于官方贫困预算家庭的人口比例，还具体地描述了种族构成、老年人口比例、儿童比例、家庭类型、教育程度构成。重视职业与住房、贫困与住房、健康与住房、教育与住房等广泛的问题，为住房政策的走向提供有效建议，也引导政策制定者不仅仅关注贫困群体，更要关注一些特殊群体的住房问题。

其次，对住房问题的描述与公共住房政策。对住房问题的描述不再仅仅侧重"拥挤"（即住宅的每个房间不止一个人居住）的问题和"高成本负担"（即用于住房的消费占其总收入的30%以上）的问题，还关注"不合格"的住房（即住宅的上下水系统和厨房设施设备存在不完善的问题、公用部位存在安全隐患），并提出相应的政策措施解决问题。对公共住房对象群体特征的持续深入研究是进行公共住房政策精细化研究的基本前提。

在对公共住房有关的家庭进行细分之后，紧接着的问题是不同家庭如何与不同住房政策相匹配，以及当住房市场及外部因素发生变化时，这种匹配关系会发生什么变化。关于这一问题，20世纪60、70年代逐步发展起来的住房过滤模型（filtering models）为解释公共住房与住房市场的动态关系提供了重要依据，也为公共住房政策由生产者补贴转向消费者补贴提供了理论依据。伯吉斯1920年在解释芝加哥住房格局时提出了过滤理论，日后经Lowry的解释、经Sweeney（1974）、Ohls（1975）、Braid（1988、1991）的建模、经Braid加入区位和经济增长的因素逐渐得以完善，为住房补贴工具的演进，政策性住房的区位、密度等的选择提供了依据（刘友平、张丽娟，2008）。

普通的住房过滤模型的建立有赖于三个基本假设：（1）住房按质量划分为高中低三个等级，同时将家庭按收入划分为对应的高中低三个等级；（2）各个住房等级具有相对独立的需求函数和供给函数，并分别决定其租金或价格；（3）各子市场间没有明确的界限，当家庭收入提高或偏好发生改变时可以进入其他子市场。因此，由于高收入家庭支付能力相对较高，他们会在旧有住房维护成本发生上升后搬入新增的高等级住房中，同时，中等收入家庭将搬入到高收入家庭腾出的住房中，依次类推，低收入家庭将迁入中等收入家庭腾出的住房中。当然，现实情况更为复杂，收入增长及其结构变化、偏好变化以及人口增长都会导致过滤现象出现（刘友平、张丽娟，2008）。住房过滤模型的理论意义在于：市场自发的、以中高收入家庭为目标的住房供应，最终也能够间接改善中低收入家庭的住房状况，这一现象实质上是"福利过滤"。但是，从长远来看，低档住房市场住房质量的下降乃至废弃将大大损害这种福利过滤的程度。因此，在市场化住房市场领域之外，仍然需要政府为中低收入家庭提供住房补贴和资助（刘洪玉等，2007）。

Ohls（1975）运用计算机模拟研究探讨了公共住房对过滤过程的影响。按照住房质量等级，他把住房分为60个种类，并将每一个种类的住房对应到相应收入的城市家庭中，收入高者分配质量最好的住房，收入低者分配质量最差的住房。收入排在最后的居住者被迫离开住房市场后会产生以下影响：（1）住房退出率上升。原因是，对质量差的住宅的需求减少使得将质量差的住宅继续留在市场的动机明显变弱；（2）新建住宅会有明显减少，相应也会减少对质量差的旧住宅的需求；（3）通过过滤进入质量差的住房子市场的住宅变得更少，由于质量差的住宅的盈利水平明显减弱，故而过滤相对减弱。所以，他认为，公共住房的替代选择是建立补助系统，以鼓励私人部门建造和管理低收入住房。

Anas（1993）运用"典型芝加哥住房市场模型"对所得税、财产税和住房补贴的影响和作用作了深入的考察。他设置了灵活而富有前瞻性的假设，研究结果表明，就充分自由竞争的市场而言，单独设计某个住房政策都是有所偏颇的。

住房过滤模型的深入研究给公共住房政策提供了很多有益的启示。公共住房政策的设计和制定不能脱离住房市场来单独考虑；兼顾到效率和维护自由市场秩序需要，公共住房的来源应以私人部门提供和旧住房为主渠道，在补贴方式的选择上也要从"供给补贴"为主转向"需求补贴"为主。当然，这离不开住房市场的完善与供需的基本平衡这一基本前提。

1.4.3 公共住房均衡的政治经济学研究

随着公共住房项目的发展，很多与之联系的社会问题开始暴露。公共住房政策与城市社会发展之间的关系日益受到重视。尤其在绝大部分新兴的工业化国家和发展中国家，无控制的人口迁入和低水平的经济增长，已经导致大城市的非正式安居点的增加和城市开发规划者的"反城市"偏见。住房的经济效益和社会效益被社会学家和经济学家大量阐述，住房所有权是阶层分化的重要原因，低收入住房具有重要的政治经济意义（Edwards M，1982；Kurz K etc，2006）。住房与发展、住房与城市环境的关系也被越来越多的人所认识，如 Crowley S（2003）从分析低收入家庭的居住流动性和贫困儿童入学流动性间的关系入手，提出这一因素给城市可支付住房带来的危机，指出必须提高可租住房补贴的公共支出、建立新的可支付住房系统。

大量基于西方国家的实证研究都表明，住房市场中存在着明显的隔离现象（housing segmentation），包括种族隔离和收入阶层的隔离，黑人集中在市中心，远离市郊的工作机会，也更加导致了贫困。

造成住房隔离的原因主要有三个方面。一是居民群体对区位的支付意愿导致了种族隔离的客观存在，白人更愿意住在与黑人隔离的社区，而少数种族的居民往往因为收入偏低没有更多的选择机会；二是市郊社区的排斥性分区制，由于担心低收入群体的大量涌入，通过对居住用地要求最小面积、限制最高密度、要求交纳一定的开发费等，市郊政府可以运用分区制将低收入家庭排除在其管辖区域之外，而居民也可以运用一次犯错驱逐制度来将低收入群体驱逐出去。此外，由于公共住房建设时选址等问题导致大多数公共住房集中在贫困地区。过度的居住隔离带来了严重的社会问题，贫困人口集聚地区的基础设施和公共服务水平往往落后于其他地区，包括教育、工作机会，使得这些地区的人们获得必要技能和工作机会来摆脱贫困的可能性更小。

因此，许多国家的住房政策中逐渐增加了反歧视条款、正当理由驱逐保护制度、私人公共住房混合提供等措施来消除公共住房政策所导致的贫困人口空间集聚。

1.4.4 公共住房的政策体系研究

在社会转型过程中，公共住房政策的基本功能不外乎三者：一是保障住房困难者的基本居住权；二是平抑住房过度市场化；三是缓和收入差异引起的社会冲突。从1873年"社会政策"一词产生以来，历经瓦格纳、马歇尔等人的界定，社会政策被普遍认为涉及政府的行为、再分配、公民福利等关键内涵，外延上涵盖了安全、公共救助、就业保障、健康、教育、住房等领域。发达国家的公共住房政策已经进入了一个规范的社会政策轨道，研究其构成要素可以为我国公共住房政策设计提供现实依据。

从社会政策的研究角度，可以概括为"3P"：过程（process）、成果（product）和绩效（performance）。过程研究侧重于从社会政治的角度分析政策形成的动态过程，主要关注社会政治组织、政府以及利益集团的相互关系和相互作用是如何对政策制定产生影响的。成果研究着眼点是政策选择（policy choice），主要研究构成政策设计方案的形式和实质是什么？这些方案保留了哪些选择，剔除了哪些选择？支持这些方案的观念、理论和假设是什么？绩效研究关注政策方案实施结果的描述和评价（吉尔伯特，2003）。政策设计（policy design）旨在辨识并剖析政策的重要组成部分，而非考察政策产生的社会经济过程或评估政策的结果。

将国际上具有广泛应用性的、历史性的公共住房政策内容列举并分析，通过筛查复杂现象下的基本要素，公共住房的政策体系可以归结为如下主要内容：

（1）何为社会分配的基础？即受益人的指定，"谁应该享受政策带来的福利？"许多标准可以被用来决定谁有资格来享受社会福利，这些标准包括工作状况、住房、家庭大小、年龄、教育、收入，等等。但是，在分析分配基础时除了要具体确定这些界定资格的指标，更要研究在将社会福利分配给社会中特定人群时在不同原则之间的政策选择，即价值原则问题。

（2）何为所分配之社会福利品的类型？即所提供的福利的形式。传统的政策选择是将其分为现金（cash）和实物（in-kind，物品或服务）两种形式，不过还有其他类型，如权利（power）、代金券（voucher）和机会（opportunity）。它们有各自的优缺点和适用范围。

（3）何为提供这些福利品的策略？即如何选择递送方式，将所选择的福利递送给合格的接受者。这个维度很重要，因为只有通过合理的递送机制，才能保证福利的内容被递送到合格的对象。主要的研究集中在讨论哪些策略能够提高福利从提供者到使用者的递送效率，例如是公共机构、私人机构还是公共和私人的联合机构来提供这些福利是更有效率；是通过直接发放补贴，还是通过税收优惠。

（4）何为这些福利筹集资金的方式？资金选择涉及资金来源及其从起始点到受益点转移支付的方式问题。一些主要的筹资选择包括：资金是来自政府、私人还是混合来源；如果是来自政府，政府的级别和课税的种类。

Chambers W 与 Wede K R（2005）考虑到社会政策无法独立于特定的社会环境和价值偏好，研究提出了社会政策要素分析框架，强调要综合分析价值评价路径和描述路径。研究社会政策应该将其置于特定的背景下，确定社会问题产生的根源及其影响，并厘清问题背后的价值观甚至意识形态，以及明确问题的受益者与受损者。这个要素分析框架几乎提供了评判任何社会问题的基本维度，阐明了任何社会政策实施都必备的 6 个政策要素，即政策目标、服务传递形式、权益规则、服务提供的组织结构、筹资方式以及上述 5 个要素之间的互动关系。

1.4.5 国内研究特点概括

相对于国外公共住房政策研究取得的全面而丰富的成果，我国公共住房政策领域的研究成果尚处于发展初期，主要是对国外一些国家公共住房政策的介绍、归纳和模仿性借鉴，以及对国内现有政策的评价和政策建议。从研究者的专业领域来看，主要是住房领域里的学者在研究，缺乏公共政策、福利经济学等领域学者的综合性研究。但是也要看到，随着近年来公共住房问题成为各界关注焦点,大量文献涌现出来,其中不乏多视角的观点。但是汗牛充栋的文献之下,中国公共住房政策的清晰脉络仍未展现,还需要各界学者的不断探究。根据笔者涉猎的文献,国内研究大致可以归纳为供给模式和水平研究、需求研究、政策模式研究几个主要方面。

1.4.5.1 公共住房供给模式和水平研究

公共住房供给模式的研究一直是国内研究的重点。除了廉租房和经济适用房供给的研究外,学者们在总结国外经验基础上,提出国内公共住房供给模式多样化的众多建议,包括多层次、多途径提供公共住房,完善公共住房金融,住房补贴和税收减免成为最多被建议的手段(杨小宇,2004)。简玲(2005)在国内外经验总结基础上提出了六种廉租住房供给模式,并运用经济学和社会学方法进行适用性评价选择,主要还是对集中兴建、分散兴建、限定性租金补贴、非限定性租金补贴、租金减免、租金补贴还贷购房模式进行分析。

公共住房的保障水平是另一个研究的重要方面,是最为关键的要素,也是最容易量化衡量的要素。浙江大学褚超孚(2007)对公共住房的保障水平进行了深入的研究,从供需两方面出发建立了我国住房保障规模的主要影响因素模型,包括家庭收入、消费结构、住房居住面积标准、经济发展水平、居住用地供应量、固定资产投资额、商品房市场价格、城市发展水平等,通过主成分分析和专家访谈法建立模型并在浙江省加以应用。

此外,学者普遍认为,我国公共住房的供给对象的覆盖范围目前还偏小,Ya Ping Wang(2000)在分析了中国住房改革及对城市居民的影响后,认为我国城市居民中的贫困群体住房问题已经受到广泛关注,但是从农村到城市的移民这部分贫困人口的住房提供还没有正式的官方文件来保障。

1.4.5.2 公共住房需求研究

目前国内对于公共住房的需求研究主要采用了三种不同的方法:

一是调查分析法,例如寇志荣以西安为例的关注弱势群体的住房需求的经济适用住房需求调查分析(寇志荣 等,2006)。

二是推算法,以低于人均住房保障面积为线计算保障需求数量和以收入低于低保线为标准来推算需要保障的家庭数和人数。

三是通过分析我国居民房价(房租)收入比来提出建议。很多学者对国际上目前通用的公共住房需求标准的指标在中国的适用性进行了讨论，提出一些新的建议，例如用住房需求收入弹性来研究住房需求的问题（刘洪玉，2007）。

1.4.5.3 公共住房政策研究

从目前的文献来看，关于住房政策，还没有国内学者作过专门详细的分类研究，对公共住房政策来说就更是如此。但是近年来随着越来越多的学者从制度经济学、公共政策角度出发关注住房和公共住房，而不只是住房领域的学者在研究，公共住房政策的研究逐渐地在走向政策化。

田东海（1998）提出公共住房政策本质上是国家为解决低收入家庭住房问题对公共住房供给、需求和生产体系的干预和调节的手段以及相关措施。王秋石（1998）则认为政府的住房政策是设法将居民和住房发生有效关联的政策。王维（1998）从公共政策理论分析的视角，借助史密斯政策执行模型这一研究工具，从权力和利益的角度阐述了政策本体、标的团体、执行机构等要素作用于中国住房公共政策执行的原因、方式，提出要充分认识和理解政策、制度及其关系的内在逻辑，以实现政策执行的高效率。王微等（1999）认为，住房政策一般是指中央政府和地方政府出面干预和解决住房问题的手段及方法，其基本宗旨和目的是调节住房的供给与需求，并以此作为政府管理住房市场运行和发展的重要依据。褚超孚（2007）认为住房政策至少应包括公共住房政策、住房开发政策、住房供应政策、住房消费政策、住房金融政策等，其中公共住房政策是极为重要的一项政策。王玉琼（2001）提出从社会政治、技术、经济多个角度对公共住房做政策可行性分析，尤其要关注利益集团在政策决策中的影响力和影响方式，提出要从单一的政策制定转向系统的政策规划，从制度设计上保证公共住房政策的可信性。提出政府在公共住房政策上必须在价值理念上认知政府政策的公共服务本质，注重政府公共服务的民生取向与公共政策的社会保障性质。苏振民、林炳耀（2007）则从城市居住空间分异控制的角度提出了对现有公共住房政策设计尤其是空间设计的改进思路。

此处的回顾难免挂一漏万，但中国学者将公共住房政策的研究视角从住房本身向公共政策、社会政策、城市空间领域转变的方向却可见一斑。然而中国必须出台有立法基础的中长期的公共住房政策。因为相对于住房产业政策等，公共住房政策将是长期存在的政策，只靠短期内的宏观调控去解决长期存在的公共政策问题是达不到目标的。我国公共住房政策理论和实践还需要不断地进行系统性的研究。

1.4.6 文献综述小结

无论从理论还是实践角度，公共住房政策都是促进社会公平与效率的合理配置的重要内容，很多时候也是政府促进经济和社会发展的重要工具。综合国内研究，对比国外的理论和实践进展，我国在公共住房政策领域的研究呈现出如下特征。

更多的研究还停留在经验借鉴与单个方面的研究上，缺乏全面性的系统研究；公共政策学、经济学、房地产经济等理论成果缺乏有机结合，尤其是将公共住房研究纳入社会公共政策的领域，进行政策研究与实验，当然这项工作只靠学界的研究很难完成，需要政府的介入和支持。公共住房政策系统研究亟待纳入社会公共政策系统研究。

从具体研究的内容上来看，有以下特征：更多是从房地产市场发展的角度讨论；主要目标集中在应对总量供需不均衡问题，对住房供需的其他均衡关系缺乏研究；大多数研究为总体性或是个体城市范畴内的研究，缺乏区域间的差异分析；缺乏动态分析，包括政策周期性和长期影响及发展趋势分析。

1.5 研究方法及论文框架

本文力图通过供需均衡分析框架对公共住房的政策设计问题寻求解决之道；从政策选择的角度，通过筛查复杂现象下的基本要素来辨识系统化的公共住房政策内容。当然，这一研究的基本前提是市场经济之外的利益再分配机制下的政策设计，正如马歇尔所说"福利的核心功能是，以从市场拿走商品和服务的方式替代市场，或在某些方面控制和调整它的运作以便产生它自身不能产生的结果"。

论文对论题的研究按照"观察—归纳—分析—判断—预测—验证"的科学方法进行。研究坚持发展的观点，以公共政策的视角来思考城市公共政策的设计和评估，适当借鉴福利经济学、城市经济学和房地产领域研究的成果和方法，密切联系现实问题，努力达到逻辑与历史的一致、理论与实践的结合。具体的，本论文将利用过去相关项目研究所积累的数据，并通过文献分析法、访谈法从理论和实际两方面收集现象和数据；通过归纳法、演绎法和比较法进行分析；结合运用统计学和计量经济学的方法，通过模型预测和实证分析进行政策设计与评估。

论文框架按如下思路展开：首先在绪论中提出研究问题及重点，即城市公共住房政策设计理论与方法，然后对转型社会的社会经济环境从社会发展、经济演变和财富演绎多个角度进行分析，并在此基础上提出公共住房政策设计的理论框架；其次是从适度供需均衡分析、供给效率与需求公平分析两个维度进行研究，对数量、质量、动态均衡以及公平和效率均衡加以阐述；最后是在前文基础上提出了公共住房政策体系设计的思路，分别从价值原则与对象选择、内容形式与运行方式等政策环节进行分析和探讨。论文研究具体内容与技术路线如图1－2所示。

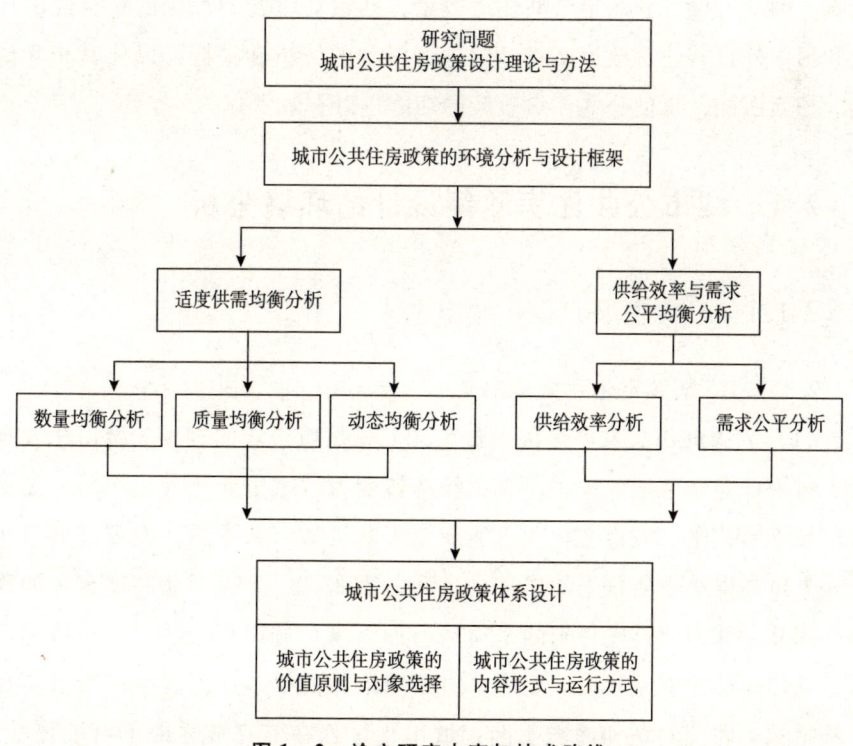

图1－2 论文研究内容与技术路线

第 2 章 城市公共住房政策设计的环境分析与理论框架

城市公共住房政策作为社会保障政策的重要内容，离不开社会经济环境的影响和支持，其内容、特点与社会经济发展趋势、特征息息相关。我国社会经济正在发生前所未有的变化，社会转型和经济转轨同时发生，相互叠加，对政府管理方式、社会价值观念和财富行为准则等都产生了重大影响。因此，设计和制定公共住房政策，必须要对转型社会的社会经济环境和国内外公共住房政策实践经验进行深刻的分析和把握，以使其相互衔接、相互匹配，也使公共住房政策的功能得以有效发挥。

2.1 城市公共住房政策设计的环境分析

2.1.1 社会发展归宿：城市主义

2.1.1.1 从城市化到城市主义

（1）人类的历史发展进程某种意义上就是城市化的过程。城市化表现为农村人口向城市地区集中，农业经济转变为城市工业化大生产，从而城市区域不断扩张，城市文化和价值观念不断扩散。从本质上而言，城市化就是人口高度集中所带来的居住、生活、就业、娱乐等活动高度集中的现象。因此，城市化首先带来的是对居所的需求。城市规模越大、经济越活跃，其住房需求就越紧迫。然而，由于城市化的根本动因是生产力进步和经济增长，即使问题和冲突不断，城市化过程在其完成之前不可能停止，它是人类社会发展的必然趋势。由于符合人类自身需求和选择，这种趋势类似于加速器不断加速,只有达到一定的临界水平才会得以平衡和稳定。从发达国家的情况来看,1950年城市化水平已经达到了53.8%,1960、1970、1980年则分别为60.5%、66.6%和70.2%(许学强、周一星,1997)。一般认为,城市化进程可以划分为三个阶段,初期阶段是一个缓慢的过程;中期阶段是一个加速的阶段;后期阶段就基本上稳定了。三阶段的城市化水平见表2-1。

表2-1 城市化进程三阶段

阶段	初期	中期	后期
城市化水平	30%以下	30%~70%	70%~90%

资料来源:许学强、周一星,1997。

(2) 西方发达国家开世界城市化先河,其城市化进程经历了"集中化"和"分散化"两个阶段。前者从工业革命开始,一直到20世纪50年代前后,表现为城市数量不断增加,规模不断扩大,人口和工业持续地大规模集中;后者就是所谓的市郊化,即从20世纪60年代以后,大量居民从城市中心区域向城市郊区地带迁移,并随之形成和发展了以大城市为中心的"都市圈"或城市群、城市带。目前,全球最负盛名的三大世界级城市群无疑是日本东京"都市圈"、英国伦敦城市群和美国波士顿—华盛顿城市群。这三大城市群的人口大约分别占了各自国家人口的1/3、1/3和1/4左右,集中了最有活力的经济产业和社会资源,但也对居住、环境和交通等城市问题构成了很大的挑战。相比之下,日本东京"都市圈"最富成功经验:其一,卫星城市有自身独立的产业和经济基础,这样可以在很大程度上避免"卧城"现象;其二,核心城市与外围城市之间有快捷、舒适和相对廉价的交通;其三,卫星城市必须有足够的配套设施,使居民享受不亚于核心区域的医疗、教育和商业等方面的服务。

(3) 城市化发展到一定阶段,表现为城市在扩展,城乡在融合。达到50%~60%的城市化水平之后,其人口迁移不再是完全单向的由农村向城市集中,伴随着市郊化的开始和都市圈的形成,部分人口以及产业和设施开始从大城市中心区向外围迁移,也有少部分人口厌倦了过度集中化的城市生活,主动迁向城市近远郊地区居住。但城市文化和城市价值观念等城市特质按不同城市层级，由上向下即由都市圈、大城市向中小城市、小城镇，以至在农村地区持续传递、扩散和影响；城市特质几乎影响每一个社会成员，以至于部分有条件的居民为迎合更有吸引力的城市生活，选择在上一层级或更高层级城市购买住房，包括农村居民在城镇购买住房，以适应城市化趋势，趋同作为社会主流的城市文化，这种由城市化发展带来的城乡相互融合并以城市文化为标杆的现象可称之为社会发展的城市主义。城市主义是城市化发展到一定阶段的产物，它引领现代社会的主流价值观，尤其是对年轻一代的求学、择业、生活等人生规划产生深远而重大的影响。城市主义首先是社会文化层面的内容，但它势必会对社会群体赋予从众心理的影响，进而影响到社会群体的行为选择。当然，城市主义是社会经济现代化即社会转型变革的必然归宿。

2.1.1.2 我国未来城市化进程的特点

中国已经进入城镇化快速增长时期，具体见表 2-2。国家统计局公布的数据表明，我国城镇化水平已经从 2006 年 43.90% 提高到了 2010 年的 49.68%，年均增加 0.9 个百分点。按照目前的增长速度，中国城镇化率将很快超越 50%，进入城市化社会。1949 年，中国只有 132 个城市，城镇化水平仅为 10.6%。过去 60 年来，中国的城镇化水平有了飞快发展，到 2009 年底，全国 31 个省、自治区、直辖市共有设市城市 655 个，2010 年底城镇人口达到 6.6557 亿。中国的城镇化水平目前仍落后于工业化的发展，从发展水平上看，不仅远低于发达国家 85% 的水平，也低于世界平均 50% 的水平，未来发展空间很大。显然，城市化进程的加快对我国社会经济未来的发展起了决定性的作用，对其特点应当有所把握。

表 2-2 我国城镇化水平发展历程

单位:%

年份	城市化率	年份	城市化率
1949	10.60	2006	43.90
1980	19.40	2007	44.94
1990	26.41	2008	45.68
1995	29.04	2009	46.59
2000	36.22	2010	49.68

资料来源：国家统计局，2011。

第 2 章　城市公共住房政策设计的环境分析与理论框架

（1）我国城市化已经进入加速发展期，未来会有更多的人口进入城市生活和就业。这对社会保障、户籍管理、文化教育以及土地使用等提出更高的改革和跟进要求。许多城市过分注重城市化进程速度和规模，忽视质量与效率，不顾成本，不讲规划。有的城市人口过度聚集，超过了城市资源与环境的承载能力，居住和交通条件恶化。这既与城市化进入加速期有关，也与盲目追求经济增长的政绩观脱不了干系。

（2）我国的城市群发展阶段即将到来，未来会有若干都市圈形成和壮大，它们将主导中国经济和社会的发展水平和发展方向。例如，《长江三角洲地区区域规划纲要》在2010年5月得到国务院同意，其对区域功能定位和城镇体系发展整体思路作了明确的规划。随着以上海为核心、由杭州、南京、宁波、苏州、无锡等副中心城市为代表的城市群的发展和壮大，将长三角地区建成全球的先进制造业基地和我国综合实力最强的经济中心，相信在不远的将来就能够得以实现。

（3）城市主义将伴随城市化发展深刻影响我国城乡居民的生活方式。由于互联网、无线通信等现代科技的发展，城市主义在各层级城镇体系迅速扩散，城市扩展和城乡融合将彻底改变社会状态和社会面貌。因此，在具体城市化道路的选择上，应避免单一的"集中化"模式，从中国国情出发，走集约型城市化的模式，坚持以大城市为主导，大、中城市为主体，小城市和小城镇为基础，走布局集中、城镇密集、用地节约的城市化之路。要从长远发展考虑，提高城乡规划水平，尤其要把居住安排作为重要工作做好，重点是加快公共住房建设，加强市场监管，稳定市场预期，要研究促进中长期房地产市场稳定发展的政策。

2.1.1.3　城市主义：公共住房政策设计考量的前提

由于城市公共住房政策在我国刚刚起步，政策体系设计思路还不清晰不完善，在资源约束条件下如何确保供需数量、质量以及效率与公平的均衡，更是一个难题。然而，城市主义在中国社会的发展，引领社会居民对城市住房的需求和向往，将是制定和设计城市公共住房政策必须加以考量的前提。由于我国各地区城市化进程差异较大，有的还处在初级阶段，有的可能快进入稳定期了，但因为处在同一个社会，城市主义在各地的流动和表现大同小异。比如，有购买力的居民在上一层级的城市购买住房的情况在全国比比皆是。这不仅对房地产市场产生影响，对城市公共住房政策的制定也有很大影响。就公共住房政策而言，在都市圈，除了要解决好原有居民中住房困难户外，还要考虑安排好大量外来产业工作者的居住需求。这样，在使用土地安排上，就要保证各种类型的公共住房的建设需求。在一般的大城市，就要重点考虑城市扩展和城乡融合的问题，做好产业合理布局和城镇城乡统筹规划，减少公共住房压力，确保城市体系协调发展。

2.1.2 经济演变趋向：国家主义

2.1.2.1 从凯恩斯主义到国家主义

市场经济是当今世界经济发展的主流，但市场经济本身也有诸多流派，其中以自由市场经济和政府干预下的市场经济分派为甚。纵观世界各国，以凯恩斯主义为代表的政府干预经济思想在 20 世纪 30 年代经济大萧条后不断占据上风。自由市场经济学派基于自我平衡的有效市场理论，认为供求规律会使市场趋于平衡，主张不要人为干预市场；而凯恩斯主义认为市场在本质上并非趋于平衡或自我优化的，强调政府需要通过国家支出和财政手段对市场进行管理和监督。随着世界金融市场的不稳定，凯恩斯主义学派进一步认为金融系统不会达到平衡状态，而总是存在信贷膨胀和信贷紧缩两种状态，经济体自身就会产生不规则的循环。随着近年来世界性金融危机的爆发，这一学派的观点更加鲜明，认为有效市场理论或许在一般商品和服务市场上还有可能实现，但在资产市场、信贷市场和资本市场上，总体来看是不可能实现的。资产和信贷市场一旦受到干扰，就容易形成难以抑制的扩张和紧缩。具体而言，在一般商品市场上，价格升高（或下降）引起需求下降（或增加）；而在资产市场上，价格升高（或下降）会引起更高（或更低）的需求（乔治·库珀，2010）。因此，资产和金融市场的不稳定需要加强管理，具体就是通过央行的利率政策和信贷规模进行调节。

事实上，当今世界每个经济体都存在一个中央银行。央行的举动决定了存款利息和贷款成本，影响房地产市场和股票市场以及市场物价，央行的政策可以引发经济增长或衰退，可以预期就业前景。在金融危机爆发的

第2章 城市公共住房政策设计的环境分析与理论框架

强度不断加大，频率不断加快的今天，央行或其他国家经济管理机构，不断投入巨额货币，刺激经济发展，以试图避免危机的加剧。此外，在世界经济一体化日益加强的前提下，国家的汇率政策也决定了一国经济尤其是贸易的走向。投资、消费和贸易水平是决定国家经济发展的几个关键环节，而央行代表国家所调整的利率、信贷水平和汇率政策，几乎完全决定了这几个环节的变化。所谓财政政策和货币政策，在金融危机生死攸关的时刻，经常被赋予拯救国家经济的使命。在这种情势下，发轫于凯恩斯主义的政府干预经济学说实质上已经演变成了经济国家主义。

2.1.2.2 我国市场经济运行中的国家主义

如果说西方国家的经济国家主义主要是通过货币政策和财政政策来实现的，其经济运行的基础还是私有产权为主的市场经济，那么，我国经济发展中的国家主义则有过之而无不及。从国家完全控制的计划经济改革演变而来，经济发展目标、运行机制、产权基础等各个方面无不以国家为主导。以央企为代表的国有企业在行业垄断、资源控制、信贷优势等各个方面都体现了更为鲜明的国家主义经济特征。2008年美国发生金融危机后，我国4万亿元规模的经济刺激计划更是彰显了国家主义经济模式的特点。这个刺激计划一方面提速了基本建设投资，保证了就业水平，另一方面加剧了流动性的泛滥，间接促成了房地产市场的过热。据统计，我国1992年至2009年广义货币供给量年平均增长水平达到了23%，大大超过了10%左右的经济增长水平。长期以来，我国经济增长主要是依赖投资和出口驱动，消费力量还没有发挥出来。经济国家主义将越来越成为不同经济发展模式的共同性，根本原因就在于金融不稳定和财务风险引发的经济波动越来越频繁。政府主导经济的结果自然是政府越来越强势，也意味着政府需要承担更多的社会经济责任，包括城乡协调、社会保障和劳动就业，等等。

2.1.2.3 国家主义：公共住房政策制定和实施的有利条件

综上所述，从政府干预经济的凯恩斯主义发展到政府主导经济的国家主义，意味着即便在市场经济条件下，政府对经济社会事务的干预作用也是一个不断增强的过程。当然，在不同的政治经济体制下，这种作用力的方向有着明显的差异。政府支出内容的不同比例是这种差异性的最好佐证。据财政部统计，我国中央政府年财政支出占GDP的比重20%左右。

按照政府职能划分，政府财政支出可分为经济建设费、社会文教费、国防费、行政管理费和其他支出五大类。按照周天勇（2009）的研究，在对以上五类项目稍作归并调整的基础上，不难发现中美两国政府支出的方向差别较大。从表2-3中的数据可以看出，在公共服务和社会管理项目占财政支出的比例上，中国与美国、英国存在很大差异，而公共住房发展支出显然属于这一项目。我国政府在行政公务和经济建设方面的支出接近50%，这大大高于美国的水平。究其原因，一方面是我国行政管理改革滞后，公务人员队伍庞大，公务支出费用居高不下，另一方面是经济增长方式还没有得到转变，政府投资规模仍然较大。但可以预见，随着我国经济结构调整和行政管理体制改革的逐步推进，经济建设和行政事务开支在我国财政支出中的比重应该能够逐步下降，相应的社会保障事务支出就能够逐步增加。总之，在国家主义的前提下，在财政支出方向不断调整的条件下，我国公共住房事业发展的资金就应该能够得到合理保障。

表2-3 2009年中美英三国财政支出项目比较

单位:%

项　　目	中　国	美　国	英　国
行政公务	25.0	20.1	20.2
经济建设	22.8	3.2	6.2
公共服务和社会管理	44.5	72.2	69.8
其他	7.7	4.5	3.8

资料来源：根据中国、美国和英国财政部公布数据测算。

2.1.3 财富变迁特征：重房主义

2.1.3.1 从重商主义、重农主义到重房主义

（1）社会经济的发展在个人层面的最大体现便是财富的变化。因此，财富观念及其行为准则的变化在一定意义上就是社会经济变化的风向标。回顾世界经济学说史，曾经盛行一时的重商主义和重农主义至今对发展中国家仍有一定影响，其财富观念也仍有启发意义。重商主义主张政府应该控制经济，最好是由政府管制农业、商业和制造业，认为贵金属是衡量财富的唯一标准，而对外贸易是货币财富的真正来源，要尽量使出口大于进

口,这样才会导致贵金属的净流入。重商主义是 15~18 世纪在西欧普遍受到推崇的一种经济哲学。但从 18 世纪中叶开始,这种经济哲学被重农主义所替代。重农主义视农业为财富的唯一来源和社会一切收入的基础,强调只有农业才是生产业,反对农业人口的流动,把手工业、商业列入非生产领域,否定其在国民经济中的地位和作用。显然,重农主义是一种更为狭隘的经济发展观,是对重商主义的矫枉过正。但是,社会财富观从重商主义演变到重农主义,说明社会开始认识到生产比贸易更为重要,经济增长的基础来自生产业的发展。在人类社会随后的 200 多年发展过程中,社会财富观在生产与贸易、资本与技术、实体经济与虚拟经济之间不断地游移,尤其是金融业和资本市场的长足发展,使经济发展变得更为多元和不可预测,但人们逐步认识到,在现代市场经济中,资金和土地是一切经济活动的两大基础要素,尤其是土地供应在城市发展到一定规模后是非常有限的。因此,社会财富观逐渐演变成重房主义的特征。

(2)重房主义意味着发展房地产是增加财富的最重要途径。房地产带动着许多相关产业的发展,为政府财政收入提供了最重要的来源,也是个体投资的重要领域。显然,重房主义是城市化发展的结果,是城市主义引领社会变革的衍生品。人口在城市的高度集中,使得城市土地的人均占有面积十分有限,成为经济学意义上的最稀缺资源。在城市房地产业的高速发展阶段,几乎任何行业的盈利水平都无法与房地产业媲美,其根源就在于城市地价的不断走高。地价一般占房地产总造价的 70% 左右。20 世纪 80 年代日本东京新宿地区的最高地价达到了每平方米 322 万日元,而最高的银座商业区中央道一带每平方米地价为 1512 万日元。香港中区地价也曾高达每平方米 20 万美元。1987 年,日本东京住宅地价总额相当于当年日本 GDP 的 1.5 倍,大约是美国大城市地价的 100 倍(罗周全、刘望平,2007)。当然,东京地价的极端表现最终在经济危机中结束,但它确实是重房主义登峰造极的一页。在经济危机缓解和经济运行正常的年代里,世界大都市的地价和房价仍然是居高不下的,当今最贵的城市还是伦敦、纽约、巴黎、东京、香港等这些经济资源和机会集中的城市。

2.1.3.2 我国社会经济发展中的重房主义

我国以市场为趋向的改革开放 30 年,城市房地产业得到大发展,尤其是近十年重房主义盛行。一是住房消费居高不下，根据国家统计局和财政部的资料，从 2001 年到 2010 年，社会消费品零售总额从 37595 亿元上升为 156998 亿元，上升幅度 4.18 倍，商品房销售总额则从 3825 亿元上升为 52500 亿元，上升幅度 13.73 倍；二是土地财政愈演愈烈，全国财政收入从 16371 亿元上升为 83080 亿元，上升幅度 5.07 倍，土地出让收入则从 2292 亿元上升为 27000 亿，上升幅度 11.8 倍。2010 年的具体情况见表 2-4。从这些资料不难看出，房地产业市场化的急剧发展使其在社会经济发展中的比重已经过高，尤其是地方财政过分依赖房地产业完全表现为土地财政的特点。1998 年开启的住房制度改革带来了私人产权住房的概念，由此，中国人的财富观念发生了翻天覆地的变化，住房消费、住房投资左右了财富行为准则。住房本来是居住所在，但由于其高昂的价格变成了财富的象征。在城市化的过程中，新城市居民中的许多人几乎解决不了住房问题，许多人为了解决住房问题生活受到了严重制约。至于土地财政应该是中国财政体制特有的现象，但它确实反映了房地产市场化过程中土地审批制度和土地市场的政府垄断体制的不合理，它从另一个层面加剧了中国社会经济发展中的重房主义，竟然连政府都视发展房地产为增加财富收入的主要来源了。

表 2-4　2010 年我国重房主义的具体表现

单位：亿元,%

	2010 年	比上年增长情况
社会消费品零售总额	156998	18.3
商品房销售总额	52500	19.3
全国财政收入	83080	21.3
土地出让收入	27000	70.4

资料来源：国家统计局、财政部，2011。

2.1.3.3　重房主义：公共住房政策制定和实施的掣肘

重房主义的盛行促使房地产市场的发展和变化成为经济运行中的焦点。中央政府的调控政策、地方政府的应对策略与购房者的怨言、投机者的狂热交织在一起，而市场房价仍在一轮又一轮的上涨轨道上前行，以房地产为代表的资产价格成为最醒目的财富指标。显然，这种局面的持续发展对公共住房政策的制定和实施是很大的制约。其一，地方政府左右着土地供应，促其将土地更多地转向民生范畴的公共住房建设而非能够为其带来丰厚财政收入的商品住房建设，还需要十分复杂而困难的调整手段，牵涉到财政税收体制、政绩考核指标等核心内容。地方政府甚至不能按建设计划要求提供公共住房建设的配套资金，根本还在于对民生事业的轻视。其二，从经济发展论出发，房地产能够带动相关产业的发展，促进城市居民的消费，使其在宏观经济运行中扮演了一个举足轻重的角色。因此，会有许多声音反对公共住房建设，认为其占有稀缺资源，阻碍经济快速发展，或者对公共住房建设和管理中的各种问题提出更多的质疑和批评。其三，公共住房的性质决定其通常是可租不可售，或者可售但属有限产权，这使得看重私人产权的城市居民在一定程度上轻视甚至不愿购买公共住房，认为其只能满足基本居住而无法带来财富，这是重房主义泛滥所导致的住房观念的偏差。

2.2　国内外公共住房政策构建的实践与经验

城市公共住房政策起源于欧美资本主义国家，起因是为了帮助低收入阶层解决基本住房需求问题。可以说，市场化住房制度带来了效率和繁荣，而公共住房政策则弥补了市场的不足，确保社会公平。正因为如此，实行市场经济体制的国家都先后尝试制定建立公共住房政策，积累了丰富的实践经验。我国的住房制度改革只是为了解决公有住房制度进行变革的问题，而确立新的与市场经济体制相适应的公共住房政策体系还只是开始了初步的实践，任重而道远。到目前为止，我国的公共住房政策还远没有形成完整的政策体系，即政策内容框架需要进一步合理明确，政策的构建原则和目标指向更需要在各级政府政策理念上达成一致。

2.2.1　我国城市公共住房政策的运行效果与问题

2.2.1.1　基本情况

在住房制度改革的过程中，我国初步形成了由经济适用住房、廉租住房、公共租赁住房和住房公积金制度构成的城市公共住房政策体系，规定了基本政策目标与政策内容，并在全国范围内基本建立起了制度统一的政策系统，涉及政策对象与标准、政策内容、政策递送、资金来源等政策的主要方面。我国城市的公共住房政策在发展的十几年中取得了一定的成绩，包括：(1) 政策目标和对象逐渐明确，就是针对城市中中低收入群体，为市场无法满足的住房需求提供补充；(2) 政策内容逐渐充实，多种手段并举，包括直接提供实物住房、间接货币补贴、规制等；(3) 中央政策和地方政策有所衔接，地区间政策具备了可比性；(4) 资金来源逐步开始多样化。

但是，我国的公共住房政策在运行过程中，出现了种种问题，概括起来主要有：

(1) 政策对象的错位问题。错位是由于在我国社会中低收入阶层还是一个比较模糊的概念，具体要以各地区公布的收入线为标准，一般要凭单位或街道的收入证明才能取得准入证或经济适用房准购证。由于信息不对称和管理不严格现象的存在，导致少部分中高收入阶层也挤入购买行列。所以，公共住房政策对象收入线标准的不明确和家庭真实收入水平无法予以甄别是目前城市公共住房政策的难点所在。

(2) 政策内容不够丰富。主要表现在金融、财政和税收上的配套支持政策不足，例如在西方国家普遍实行的低收入家庭购房贴息调整和税收优惠调整等在我国都还没有开始尝试。

(3) 中央地方政府之间政策传递不平衡、不顺畅。我国地区差异大，处于不同经济发展水平的城市居民住房消费能力和政府财政承受能力具有明显的阶段性特征。而目前廉租住房资金主要以公共财政划拨资金为主，中西部资金来源远远少于东部。不顺畅是因为中央政府对地方实行的是宏观指导为主，没有纳入地方政府的绩效考核，甚至总体上还没有开展关于公共住房政策的情况统计。

(4) 公共财政支出严重不足。相关研究表明，一般国外政府用于公共住房的支出水平在 GDP 的 2% 以上，占政府财政支出的 5% 左右。我国目前只有廉租房政策明确要求以公共财政资金为主，各地以公积金增值收益为主，其他尚未纳入政府财政预算中。

(5) 公共住房供需过程中的适度均衡以及供给效率与需求公平之间的

均衡都远没有实现。普遍的问题是供给不足或供给效率低下，局部的问题是分配过程中需求公平没有实现。

2.2.1.2 经济适用住房政策存在的问题及争论

经济适用房政策是我国城镇住房制度改革过程中出台的一项重要的公共住房政策。在10多年的发展历程中，对推进住房制度改革、增强居民住房消费、改善居民住房条件等方面发挥了重要作用，也曾被定位成住房供应体系中的主渠道，但随之而发生的一些争论一直没有停止过。主要争论的焦点如下：经济适用房的定位及与其他住房类型的界定、承接关系不够明确。经济适用住房价格超出低收入居民群体的支付能力，存在社会保障资源不公平分配现象（冯长春，1999）。在过去的实际操作过程中，经济适用房的供应对象实际涵盖了中低收入甚至部分高收入家庭。在新的制度环境和形势要求下，虽然国家将经济适用住房供应对象明确为低收入家庭，但具体的供给对象、标准和管理框架如何建立还需要进一步探索。

当前社会各界对经济适用房政策及其发展意见可以归纳为以下三种观点。

第一种观点主张取消经济适用房，又可以分为"历史说"、"替代说"和"全盘否定说"。历史说观点认为经济适用房是特定历史阶段的产物，长远来看没有必要依靠经济适用住房建设解决住房问题。替代说观点认为经济适用房解决低收入家庭住房问题实际效果不比廉租房好，解决中低收入家庭困难效果不比限价商品房好。全盘否定观点认为经济适用房制度在理论依据上存在缺陷，事实上增加了交易成本、减少了社会福利，扰乱了住房市场的正常秩序，应该予以取消。资深经济学家茅于轼就曾明确表达过这一观点。

第二种观点主张发展经济适用房，认为其低价位政策对于平抑市场过高房价、扶持中低收入家庭住房消费产生了积极作用，使得城镇中低收入家庭住房状况得以较大改善，还兼有调节住房市场、调控收入分配的功能。因此应该提高经济适用房建设的投资比例，继续加大经济适用住房供应量。但是，经济适用房供给的过程中确实存在着很多问题，需要规范政策来保障其真正发挥作用。

第三种观点主张模式创新、完善经济适用房体系。认为应该在继续保留经济适用房制度的同时，加快创新，为低收入家庭解决住房问题提供多元化选择，建立住房梯次消费模式，并建立住房保障的有效退出机制。其中代表性的观点有"租售并举，以租为主"、"共有产权"等。

三种观点争论的实质集中在：对现阶段经济适用住房的效率与公平的选择以及经济适用房政策对国家干预住房市场整体的作用二者的争论上。大多数观点都认为政府在经济适用房政策上应该明确自己的职责，立即取消经济适用房可能带来消极影响，当前最重要的是要确定经济适用房制度的定位和发展方向，将经济适用房的供应对象定位于低收入家庭，从具有保障性质的政策性商品住房逐步过渡到完全的保障性住房，严格控制建设标准，完善共有产权制度，严格退出机制。

2.2.1.3 廉租住房政策存在的问题及争论

相对于经济适用房存在的普遍争论而言，各界对廉租房争论较少，而将研究的焦点集中在廉租房覆盖面、标准、资金来源、准入和退出程序等具体的政策设计规范方面。

(1) 廉租房覆盖面还远没有到位。根据住房和城乡建设部等三部委《2009~2011年廉租住房保障规划》，2009~2011年全国要建设廉租住房518万套，其中第一年为177万套，总投资约1500亿元，中央财政投入接近500亿元。但地方资金配套不到位的后果严重影响了廉租房建设进度。

(2) 区域发展不均衡。总体上看，东部发达地区廉租房制度建立和实施情况普遍好于中西部地区，享受到廉租房保障的户数是西部地区的4.17倍。大中城市情况要明显好于中小城市。

(3) 廉租房政策体系不完善。大部分市、县没有建立起明确的廉租住房管理部门，无人专门负责廉租房工作；缺乏专门的建设资金来源渠道，尤其是西部省区，例如甘肃省财政提供的资金仅能满足其需求的1%；房源无法得到保证；没有建立起严格的准入和退出机制等。

(4) 替代手段较为缺乏。发达国家目前对于低收入群体的住房保障大多已由原来的补贴砖头转向补贴人头，建立了政府、社会、私人部门共同提供住房、由政府提供租房补贴的机制。但是在我国，多层次、多模式的低收入家庭住房供给机制和手段还远远没有建立起来。

2.2.1.4 公共租赁住房政策存在的问题及争论

2010年6月12日,由住房和城乡建设部等七部门联合制定的《关于加快发展公共租赁住房的指导意见》正式发布,这意味着长期以来游离在经济适用住房、廉租房等主流保障房制度之外的"夹心层"的住房问题将主要通过公共租赁住房途径予以解决。公共租赁住房供应对象主要是城市中等偏下收入住房困难家庭。公共租赁住房建设用地纳入年度土地供应计划,建设资金部分由政府直接投资,部分可以多元化筹集。近一年来,全国许多城市开始规模化建设公共租赁住房,部分城市开始出台相关管理办法。

但事实上,公共租赁住房在制度建设上还存在许多问题,目前仍停留在"摸着石头过河"阶段。公共租赁住房保障对象界定、建设模式确定、政策细节设计、资金筹措方式等问题的客观存在,使得该项新的保障性住房制度与经济适用住房、廉租房一样在能否持续发展、规模化发展方面存疑,有待于制度设计部门与实践部门加以摸索和完善。

2.2.1.5 公积金制度存在的问题及争论

住房公积金制度应该说是住房制度改革的创新内容,是构筑住房新体制的一项有效手段。通过住房公积金制度,形成了由个人、职工单位和国家共同筹集住房资金的机制,某种意义上也确实提高了个人购买住房的能力。可以说,住房公积金制度是支持我国公共住房政策体系的重要金融手段。根据住房和城乡建设部资料,截至2008年末,全国应缴职工人数11184.05万人,实际缴存职工人数为7745.09万人,累计归集公积金总额为20699.78亿元。目前各界对于我国公积金制度及与公共住房政策有关的主要争论有:

(1) 住房公积金覆盖面窄。住房公积金制度一直没有包括以下四部分人:一是农民工;二是包括个体从业者在内的非国有工作单位的城市居民;三是效益困难企业的职工;四是非全民所有制企业的没有参加住房公积金制度的职工。

(2) 住房公积金补贴存在的不公平问题。由于住房公积金是单位和职工按工资一定的比例缴存,职工工资如果越高的话,单位补贴的部分也就越高。这种方法对于低收入者显然是不利的,事实上造成了不同收入者之间补贴的不同。

（3）住房公积金的违规使用和低效率使用。住房公积金实行的目的是为了弥补对低收入家庭住房问题有效解决途径不足的缺陷，合理使用其增值收益来支持廉租房建设。然而，据住房和城乡建设部2009年统计，约有53%的公积金沉淀在商业银行，没有发挥作用。而且地区间差异较大，发达地区如北京使用率达到了90%以上。挤占、挪用公积金等严重违规情况也很常见，导致住房公积金资金的不良率较高，严重背离了公积金专款专用的原则。

总之，目前我国住房公积金制度尚未成为有效支持公共住房发展的政策性住房金融制度。

2.2.2 国外公共住房政策的构建经验

通过对以美国为代表的欧美国家和日、韩、新为代表的亚洲国家的公共住房政策发展对比分析，可以从不同的维度将各国的公共住房政策做如下总结：

（1）从政策类型来看，公共住房政策可以分为选择性和普遍性两种类型。而这又可以根据住房问题的发展阶段区分为住房短缺时期和住房总体基本平衡时期两种情况。在住房严重短缺时期，政府公共住房的政策往往不加以特别严格的对象区分，一般是在生产环节就入手直接干预住房供应。在住房短缺的全局性问题得到缓和时，或者供应多于需求的时候，大多数国家都选择了有严格限制性的住房分配政策，一般都是主要面向低收入群体和特殊人士提供公共住房援助。例如，观察美国的保障性住房政策的发展经历，联邦政府刚开始采取的是向低收入者直接提供实物住房的政策，住房供应方是补贴的对象，即侧重于住房建设补贴。逐渐由政府直接建设公共住房，向补贴支持私营开发商建房过渡。经过一定时期的演变，在20世纪70年代中期，慢慢地向为住房困难居民补贴房租的需求政策进行转变，这种情况下住房消费补贴对象即是住房需求者。目前，房租补贴的租金优惠券计划已经成为美国公共住房政策的主流（阿列克斯·施瓦兹，2008）。公共住房的建设，对美国数以千计的非常贫困的家庭产生了深远的影响，为联邦政府支持最贫困家庭发挥了至关重要的作用（Popkin

SJ, 2005)。也有以新加坡、香港等为代表的国家和地区，由于其面积小和公共财政支持力度大，实施了能够覆盖全部人口80%以上的公共住房供给和援助。因而，公共住房政策所受的宏观影响因素非常之多，最为重要的有住房问题的发展阶段、国家财政的能力、国家干预的特点等。

（2）从政策完善性来看，逐渐地从不确定、有限发展到具体化、多样性，表现为不同发展阶段的不同特点。尤其是在转型国家中，由于公共住房政策是在市场化改革过程中才慢慢从完全福利住房脱离出来成为单独的政策体系，现在其发展往往都不够完善，还处于构建政策体系过程中，手段也比较单一。而美国、新加坡等发展较早的国家，公共住房政策日益完善，达到了精细化的程度，每一项具体的政策服务内容都有严格的标准、细分目标和多元化的手段。而且需要有完善的配套政策体系与之相配合，例如租金管制前提是有完善的租房登记系统，而在转型国家往往都还不具备。所以，在分析我国的公共住房政策时，不能好高骛远，企望一蹴而就。

（3）从政策实施主体来看，主要体现以公共为主转向公共、私人相结合的发展趋势。在大多数国家，公共住房服务与收入维持功能是联系在一起的，一般由一个行政部门统一来提供。但是，美国在20世纪70年代之后，逐渐出现了功能在行政层级上的分离，州和地方政府日益依赖购买服务，从而吸引更多的私人非营利机构进入以前属于公共机构的服务输送系统（林坚、冯长春，1998）。但是，在大多数国家，目前还主要以政府部门提供政策服务为主，民间机构仍然是辅助性的。

总之，综观国外主要针对低收入群体实行的公共住房政策可以发现，世界各国普遍根据住房问题的社会发展阶段和国情特点建立了内容、手段和精细化程度各有特点的公共住房政策体系。显然，我国以廉租房和经济适用住房为主的城市公共住房政策体系还需要继续完善，需要结合体制转轨和制度转型以及大规模城市化的客观趋势，在政策的理论和实践两个方面加以调整和改进。

2.3　城市公共住房政策设计的理论框架

城市公共住房政策是城市基本住房制度的组成部分，是对市场住房制度的补充和完善。城市公共住房政策关注住房保障,这与房地产政策作为经济政策的本质不同。它是社会政策中的重要构成部分,既要关注所供产品自身的均衡问题,也要关注产品供需过程中的效率与公平之间的均衡问题,还要关注社会经济的环境和发展阶段问题。从供需均衡分析的角度来看,我国城市公共住房政策还处于初创时期,存在着政策原则不清晰、政策目标不明确、政策执行效果差等问题。为此,有必要在我国社会经济环境呈现出明显的城市主义、国家主义和重房主义的特点下,在对我国多年城市公房运营成败得失以及房改经验总结的基础上,对我国城市公共住房政策设计的理论框架作一个全方位的思考和研究。

2.3.1 把握公共住房政策的规范性和均衡性

一般而言,社会政策的分配基础(价值原则和对象选择)、内容形式(福利品类型)以及运行方式(服务递送和资金筹集方式)构成了社会政策的基本体系。要构建我国的城市公共住房政策均衡体系,需要从规范的政策角度出发分析公共住房政策的系统结构及特征。一方面要为确保政策的可持续性明确我国公共住房政策的价值原则和对象选择,也就是明确公共住房政策的基本方向和着力点,即对住房支付能力不足的中低收入家庭,通过直接实物提供或货币补贴的方式解决租赁型公共住房,对于有一定支付能力的中等收入家庭,支持其经过一定年限的轮候和承租期间购买产权型公共住房;另一方面要把握我国公共住房政策的基本内容和运作方式,关注政策执行过程、效果及相关影响因素,即对政策设计考虑长远性和可持续性,为不同支付能力的中低收入家庭设计可操作的一以贯之的保障性住房政策。

城市公共住房政策受到诸多因素的影响,有的因素直接对需求产生影响,有的因素直接作用于供给能力,还有的因素对需求和供给交叉产生影响。目前我国公共住房的核心问题依然是数量的供需匹配问题,即数量均衡问题,而从长远来看效率与公平的均衡问题也是一个重要问题。总体而言,公共住房还满足不了现实需要,目前的城市公共住房供给还只维持在一个较低的水平上,无论是从自身供需匹配还是从横向比较来看。为此,公共住房政策设计一定要从公共住房发展阶段的差异性考虑把握政策的均衡性。

2.3.2 明确公共住房政策的目标原则和设计范畴

将公共住房政策的目标原则和政策设计范畴放在重视公民基本住房需求的满足和住房权利的保障上,加强社会政策意义上的公共住房政策设计,即转变政策目标,推动公共住房政策范式的转变。改变以经济发展和政绩考量为主导的政策取向,开放决策制定和执行过程,从价值、内容设计、政策执行和资源等方面完善我国的公共住房政策。就价值目标而言,在当前社会经济环境条件下,坚持公平原则与划分层次原则相结合、满足基本需要原则和财政适度原则相结合,不失为明智的选择。

坚持不懈地推进实施能够保障供给效率与需求公平均衡的政策,以操作简明和成效显著为考量前提研究和拓展政策类型的选择范畴。我国公共住房政策内容目前还比较简单,仅限于在直接提供和现金补助等传统政策内容基础上的变化,这也给公共住房政策带来了资源的压力。要根据不同城市发展情况,灵活调整公共住房政策设计范畴。不论产权型公共住房还是租赁型公共住房,均应明确采用市场导向方式进行定价,避免回归传统直管公房经营模式的老路,确保可持续发展。

2.3.3 创新公共住房政策的执行方式

创新我国公共住房政策的执行方式,包括创新执行主体和执行手段,也是确定政策设计理论框架的题中应有之义。要有效解决我国的基本住房问题,各级政府都要在一个社会政策视角下共同行动,形成中央政府的政策公平约束与地方政府的政策效率创新相结合的局面。这个目标的达到并不容易,中央政府的政策要精细化,分类地区进行政策制定和管理,放松供给压力的约束。同时,多主体力量共同参与来解决住房问题是可以选择的手段。

从国际趋势来看,公共住房政策的顺利实施单靠政府力量是不够的,需要整合社会各界力量与资源,公开信息,打破主要由政府相关部门和国有房地产开发企业垄断的封闭的住房政策网络,推动政策执行方式的创新。需要发挥非营利组织在协助政府推动政策顺利执行方面的重要作用。总而言之,需要打破自上而下的公共住房政策模式,构建上下结合、多主体参与的公共住房政策网络。参考国外中央政府、地方政府、住房公司、住房金融公司、社会住房业主和开发商共同参与公共住房建设融资的做法，厘清不同类型主体在公共住房投融资模式中的定位，并适当强化非营利性机构的作用；充分发挥不同类型资本的特点，设计合理的投融资机制，在政府提供租金补贴的条件下保证各类主体的可持续运营。

综合考虑公共住房政策的价值原则、对象选择、内容形式与运行方式，结合供给与需求的影响因素分析，实现供需均衡的政策目标，这应该是我国城市公共住房政策设计的理论框架的基本内容（见图2-1）。

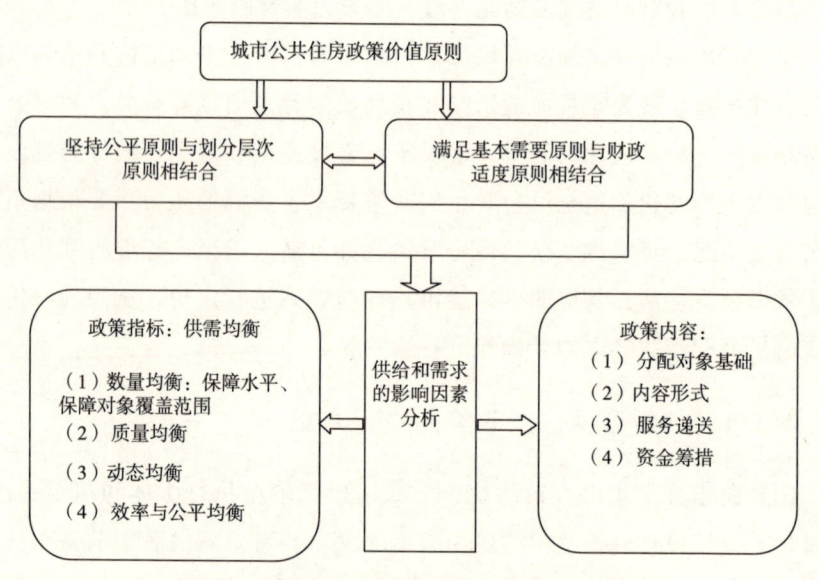

图2-1 城市公共住房政策设计的理论框架

2.4 小结

本章对影响公共住房政策的社会经济环境进行了多角度的分析和归纳，提出了社会发展的城市主义和财富变迁的重房主义概念，以加深对城市化发展中人口迁移、城市扩张背后的城市文化扩散和城市特质蔓延的认识，厘清房地产业在自身发展过程中对社会财富观的冲击和影响；从新的角度对经济国家主义的演变趋向作了比较和解剖，以便更加清晰地认知市

第 2 章 城市公共住房政策设计的环境分析与理论框架

场经济在我国的表现和特点。而上述分析和归纳的目的，不外乎通过城市主义、国家主义、重房主义的多元角度切实把握城市公共住房政策所面临的社会经济环境特点，使公共住房政策设计能够与社会经济环境及社会成员观念相互协调、相互匹配、相互促进。也唯有如此，公共住房的供需均衡问题才有可能具备合理解决的前提，公共住房政策才有可能更为持续有效。

同时，本章对国内外公共住房政策构建的实践经验作了简要的归纳和总结，尤其是对我国公共住房政策的各项内容存在的问题及其争论进行了分析。在上述分析研究的基础上，从把握公共住房政策的规范性和均衡性、明确公共住房政策的目标和设计范畴、创新公共住房政策的执行方式三个方面提出了公共住房政策设计的基本理论框架。

第3章 城市公共住房政策的适度供需均衡分析

要构建和制定我国的城市公共住房政策,首先要明确的就是当前我国城市公共住房是否存在无法由市场来解决的供需不平衡问题,如果存在,是哪些不平衡,从而需要政府的完全介入或部分干预。作为准公共产品的需求与提供,适度的住房供需均衡需要在不完善的现实政府与不完善的现实市场之间进行权衡,更需要符合我国不同发展阶段的特征和目标。这是我国城市公共住房政策设计的最基本内容。

本章主要从准公共产品的供需角度出发,从公共产品一般均衡分析的基础入手,就供需不均衡的多个维度分别考量不平衡的来源与影响因素,构建一个公共住房政策影响因素模型及政策设计依据,并在典型城市中进行应用。

3.1 公共产品的一般均衡分析

公共产品的供给与市场竞争无关,因此不存在公共产品的市场交换价格。政府介入公共产品的供给后,首要的问题就是如何准确地确定公共产品的供应水平,并通过可靠的途径把握公共产品的需求水平。与此相关的是,如何在公共产品与私人产品之间合理配置资源?西方经济学家从不同角度对公共产品实现有效供给进行了理论均衡分析。

3.1.1 庇古均衡

庇古均衡(余永定等,1997)是依据税收理论,坚持社会成本最小化的原则，研究公共产品的产出问题。对每一个人来说，一旦公共产品的边际效用与赋税的边际负效用相一致时，公共产品的有效供给就能够得到保证。至于二者的均衡点，可以通过如下推导得出：假定 Q 为个人拥有的公共产品数量，T 为个人支付该产品的税收，I 为个人的收入水平，X 为消费品数量，U 为获得的效用水平，NU 为个人的净效用。假设 $T=Q$，相当于政府运作成本为零。那么，按照庇古研究的理论，应有

$$\frac{\partial U}{\partial Q} > 0 \quad \frac{\partial U}{\partial T} < 0$$

$$\max NU = U(Q) - U(T)$$

$$s.t \quad Q + XP = I$$

根据拉格朗日函数，上式可以表示为：

$$L = U(Q) - U(T) + \lambda(I - Q - XP) \tag{1}$$

其一阶条件为

$$\frac{\partial L}{\partial T} = -\frac{\partial U}{\partial T} - \lambda \tag{2}$$

$$\frac{\partial L}{\partial Q} = -\frac{\partial U}{\partial Q} - \lambda \tag{3}$$

因为

$$\frac{\partial L}{\partial Q} = -\frac{\partial L}{\partial T} \tag{4}$$

所以均衡条件为

$$\frac{\partial U}{\partial Q} = -\frac{\partial U}{\partial T} \tag{5}$$

但是，由于人们的收入水平有差异，公共产品的效用不容易测量，社会的效用函数不容易建立。另外，社会效用达到了均衡，个人效用也未必能够达到均衡。

3.1.2 林达尔均衡

林达尔认为，最佳的公共产品生产水平是由社会总需求曲线与社会总供给曲线二者的相交点决定的（斯蒂格里兹，1988）。他通过两人模型展

开其研究，首先假设一个人支付税收价格为 QF，另一个人支付税收价格为 FE，供给曲线与将二者相加后的需求曲线交于 E 点，就是林达尔均衡点。但消费者会出现意见分歧，均衡会被打破（见图 3-1）。

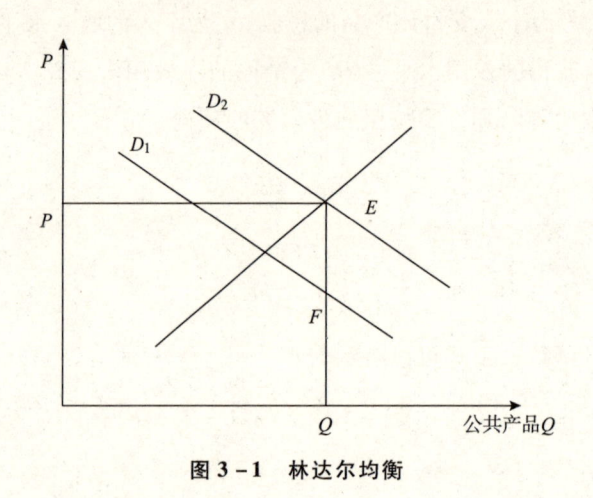

图 3-1　林达尔均衡

3.1.3　萨缪尔森均衡

萨缪尔森对私人产品决定和公共产品决定在完全竞争条件下的区别研究，提出了公共产品决定的均衡理论（余永定等，1997）。第一，私人产品的消费者的边际成本和收益相同，公共产品的消费者的边际收益则不一样，而边际收益的总和与边际成本一致。第二，公共产品的生产水平如果小于 OQ，那么增加生产是极为合适的；如果生产水平大于 OQ，福利损失就会出现，原因是这种情况下边际成本大于全部边际收益（见图 3-2）。显然，这种最优条件只是理想均衡，现实中公共产品资金筹措等因素对其就有很大制约。

在上述公共产品一般均衡分析理论中，庇古均衡说明公共产品的有效供给取决于边际社会效用的均衡，其基本理念是社会成本最小化；林达尔均衡表明了公共产品的产出关键在于社会总需求与社会总供给的均衡，需要满足帕累托最优条件；萨缪尔森均衡说明公共产品均衡条件与私人产品均衡条件有所不同，这取决于所有人的消费量总和等于生产量。客观而言，这些公共产品均衡的理论探讨与实践是有很大差距的，达成均衡的诸

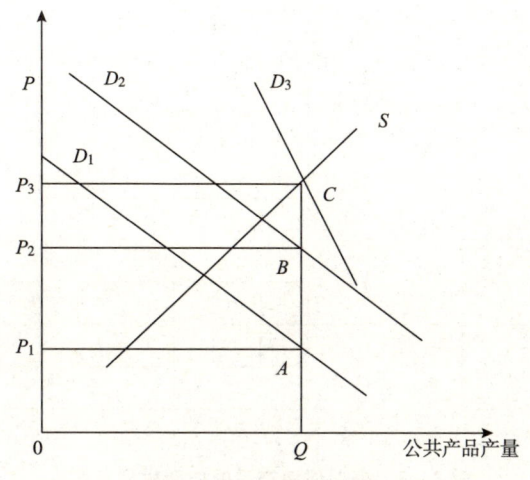

图 3-2 萨缪尔森均衡

多条件是理想化的,但其关于公共产品的社会性消费概念,以及政府供给也要追求有效供给和供需均衡的思想,对我们研究公共住房供需均衡问题是非常有启发意义的。

3.2 适度数量均衡与政策设计

公共住房政策首先要解决的问题就是回答要提供多少住房的问题,可以是实物、现金或是二者的结合。我们先从静态公共住房均衡入手研究影响静态供给数量的均衡状态;然后把公共住房与环境建立联系,探讨在固定区域内公共住房的综合质量因素及均衡;再后在静态分析的基础上加上时间因素 t,对我国的公共住房均衡发展进行动态分析。更形象的表述如图 3-3 所示。

3.2.1 数量均衡的含义

住房数量均衡,是指在一定的地理区域内住房的数量和家庭的数量之间总体上均衡。一定的地理区域视研究的范围而定,可以是一个城市,一个县,也可以是一个国家。数量均衡包括两个含义,数量的绝对均衡和数量的相对均衡。通常所说的数量均衡是指绝对的数量,即所有住房的总体数量大体等于所有家庭的总体数量。而在绝对数量达到均衡时往往还是会

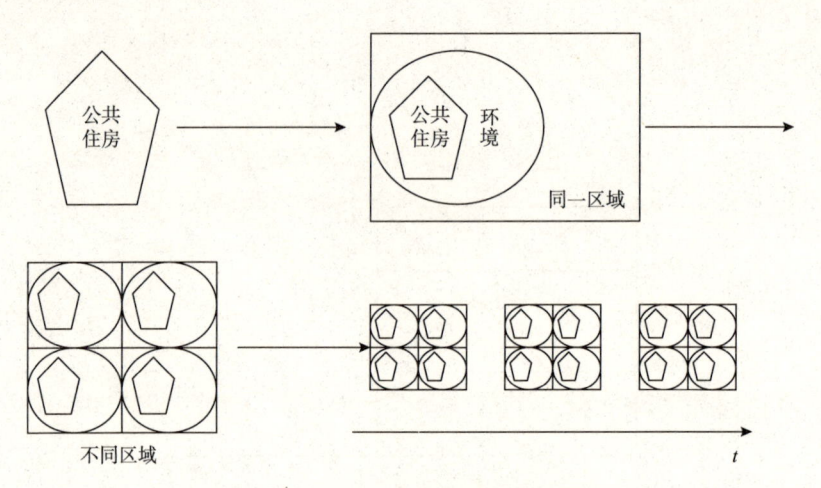

图 3-3　公共住房产品的均衡发展示意

存在一定程度的住房数量失衡问题，即需要住房的家庭买不到需要的住房，而市场上也存在空房卖不出去，这是相对数量不均衡的表现。相对数量不均衡也称结构性不均衡，是指市场上不同价位、面积、区位等的住房存量与所需住房的家庭的需求明显失衡。一个国家或地区，不但要注重住房供求绝对数量的均衡，更要追求相对数量的均衡，才能最大限度地为居民提供理想的住房，减少资源的浪费，增进社会的和谐。

公共住房产品数量均衡，是指在一定的地理区域内，公共住房补助的家庭数量和纳入保障体系的家庭数量之间总体上均衡，即合格保障对象和实际保障数量之间的均衡。公共住房的数量均衡也分为绝对均衡和相对均衡，但是却相对简单。公共住房供给的数量是由政府决定并负责提供或参与提供的，而公共住房数量的需求即纳入保障范围的家庭，同样也是政府通过准入制度规定的。也就是说，什么样的家庭可以纳入公共住房政策目标范围，什么样的家庭可以获得公共住房政策的援助，都是政府根据所设置的一定标准来界定的。那么需要提供多少公共住房产品都应该是政府根据需求而有步骤有计划地进行运作。如果准入门槛高，那么政府的公共住房产品供给就会变少；如果准入门槛低，政府的供给就会增加。而根据结构性均衡的要求，公共住房政策提供的各种实物和补贴要各自满足不同阶层家庭的需求，否则还是无法有效解决问题。例如我国的经济适用房供给总量太少，而且具体政策不到位（如存在面积超标等问题），造成经济适用房不经济，中低收入者买不起，不足以实现供需均衡（冯长春，1999）。

因为公共住房产品的特殊性，本文的数量均衡概念是"局部均衡"的概念，即假定其他情况不变，只讨论公共住房产品内部的供给与需求，不将公共住房的供需与市场商品住房供需联系。当然，从现实来讲，公共住房领域与商品房市场是相互联系的。公共住房产品的提供会改变中低收入群体的效用和预算，增加或减少他们对市场提供的商品住房的需求；而商品房市场价格的改变会影响人们的收入水平，增加或减少中低收入群体对公共住房产品的需要。

3.2.2 数量均衡的衡量指标

公共住房产品数量均衡的问题根本上是在一定发展阶段中，其政策对象（主要是指中低收入家庭）支付能力与政府保障水平之间均衡的问题。

一般而言，当中低收入家庭住房支付能力不足表现为以下三种情况时应将其纳入公共住房政策的供给范围，或可称之为公共住房产品的需求对象：（1）对于最基本住房面积标准的市场商品住房价格，不具有购房能力；（2）对于最基本住房面积标准的市场商品住房价格，不具有购房能力而具有租房能力，但市场对基本标准住房的供给量不足；（3）对于最基本住房面积标准的商品住房，不具有租房能力。

根据上述分析，可以将公共住房政策保障分为两种情况：（1）商品住房市场供给满足下的公共住房政策保障。当住房市场上存在足够数量的基本面积标准的住房，低收入家庭能够相对容易地在市场上租赁或购买到最基本住房面积标准的住房。在此假设条件下，市场供给是充足的，能够满足大多数家庭的住房需求，政府只需要对少部分无法达到基本支付能力的低收入家庭提供保障，实行需求推动型的公共住房政策；（2）商品住房市场供给不能满足情况下的公共住房政策保障。当住房市场上没有足够数量的最基本面积标准的商品住房，使得少部分城镇低收入家庭不能在住房市场上租赁或购买到最基本面积标准的住房。政府需要对此部分中低收入家庭提供保障。在供给形式上需要实物援助的介入，实行供给推动型的公共住房政策（余凌志，2007）。

因此，在研究公共住房产品供需关系时自然涉及两个关键性概念，即住房支付能力和基本住房面积标准的住房，而最常使用到的衡量指标有两个：一是"住房消费比例"；二是"住房困难程度"。

（1）住房消费比例，是指某一家庭的住房消费支出额对家庭总收入的占比。美国住房与城市发展部（HUD）规定的家庭应该支付的住房消费比例的标准是：用不超过家庭收入30%的金额用于购买或租用适当的住房，而超过部分由政府予以补贴，这也是日本、英国等发达国家普遍采用的大约标准。当然，在德国等欧洲高福利国家，若某家庭所应占用的住房开支，超过家庭总支出的15%~25%（单身家庭超过30%），就认为该家庭不具备支付能力，应当享受政府提供的住房补贴（贾生华，1996）。根据这一标准可以计算出有多少家庭不具备基本的住房支付能力，从而需要政府给予帮助和补贴。根据住房消费方式的差异，该指标又分为"房价收入比"和"租金收入比"两个指标。

（2）住房困难程度，是指关于某一个家庭所实际使用的住房面积数量的居住标准，使用平均基本居住标准来衡量，通常以人均使用面积或人均建筑面积来表示，反映了一个国家或地区居民家庭的居住状况。通常需要政府帮助和补贴的家庭是指处于平均居住面积之下的家庭。通过将住房消费超出一定比例和住房困难程度两个指标相组合，可以计算出在某一个静止的时点上，能够满足两个条件的家庭数量，也就是要达到绝对数量均衡所需要帮助的对象数。

然而，通常情况下，对公共住房产品需求要实现应保必保的绝对均衡，大多数国家都不能做到，因为公共住房政策的保障水平受到国家战略和政策重点、经济发展水平和财政支付能力等各方面的影响。因此，在一定时期内，公共住房政策的保障水平需要相对适度。

3.2.3 影响数量均衡的主要因素

城市公共住房的需求受到多种因素的影响，而从政府公共住房供给能力的角度来考察，公共住房政策的供给也受制于很多影响因素。这些影响因素对公共住房政策保障水平的作用具有交互性，即有的因素共同影响供给和需求。因此，必须对公共住房供给和需求水平与影响因素之间的关系作深入分析，才能有效地调节某些可控的因素，努力达成公共住房在供需均衡下的相对适度规模的设计和预测。

3.2.3.1 共同影响供给和需求的因素

（1）国家 GDP 和城市 GDP

当前我国公共住房的供给主体主要是中央和地方政府，因此，国家的经济实力首先成为影响公共住房产品供给的关键因素。GDP 是表征国民经济运行状况和国家或地区经济实力的主要指标，也是决定保障供给水平的最重要条件，其他决定保障供给水平的相关因素都是在这一重要条件基础上的具体展开。

GDP 的发展意味着公共住房供给能力的提高。一方面，对于公共住房产品的需求来说，随着人们收入水平的提高，支付能力的增强，有可能原来没有购买能力的人可以通过市场来解决住房需求。因此，可能导致公共住房产品的需求减少。另一方面，改善型的需求会随着收入水平的增加而增多，给公共住房政策带来更高的要求。

（2）商品房市场价格

如果商品住房价格合适，大部分家庭能够从商品房市场获得住宅，那么政府提供公共住房的压力就较小，只需要为一部分低收入家庭提供保障服务就可以了；但是如果住房价格过高，许多中等收入家庭购房都面临困难，那么政府提供公共住房的压力就增大，不可能通过短时期的开发和建造解决问题，需要分阶段的计划和长期的努力才有可能完成。

住房价格直接影响对公共住房产品的需求。图 3-4 比较了房价和家庭购房支付能力的关系对公共住房需求的影响。目前我国居民中低收入和高收入家庭都只占小部分（各 10%），中等收入家庭则占大部分，即收入结构呈两头小中间大的特征。根据国际经验，家庭每月的住房支出以总收入的 30% 为宜，最多不应该超过 50%，这样，根据家庭收入水平曲线，大致可以得出家庭购房支付能力曲线。

当住房价格处在 P_1 水平时，只有低收入家庭没有能力购房，那么公共住房的需求主体就是整个社会的低收入家庭。而当住房价格处在 P_2 水平

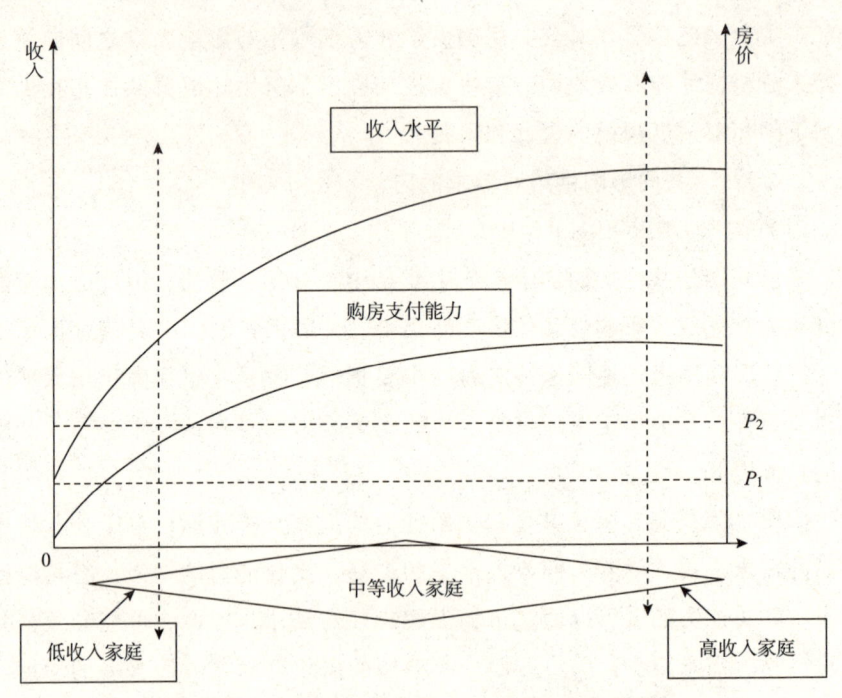

图 3-4　商品住房市场价格与公共住房产品的需求

时，一部分中等收入家庭（中低收入家庭）也无力购房，只能期待政府对其补助，成为公共住房新的需求主体。这样，随着房价的快速增长，购房支付能力在房价水平线以下的家庭会不断增多，从而增加了公共住房的需求。

3.2.3.2　主要影响需求的因素

（1）城市人口规模（城市化率）

一个城市的人口数量规模越大，低收入家庭的数目自然就会越多，需要提供的公共住房产品就相对越多。城市化率是衡量城市规模的数量指标，以一定地域内城市人口数量占总人口数量的比重来表示。尤其是城市化快速发展时期，不断有新的城市居民进入城市居住，势必会加大对公共住房产品的需求。

（2）居民可支配收入及支出构成

根据住房过滤理论，城市居民收入的增加会使其改善生活条件的愿望变得更为迫切，原来居住城郊的居民可能想搬到离市区更近的住房中；原来住二手房的居民有可能会准备换一套更大的新房子；原来住大房子的居民可能升级去购买一套别墅，等等。总之，收入的增加会促进有房居民对已有房产进行高水平的更换（见图3-5）。在更换住房的过程中，一些低端住房有可能流入市场，这部分住房若被政府收购则可以增加公共住房的供给，若被更低收入家庭购买则可以减少公共住房的需求。相反，当居民收入减少时，人们会降低居住水平同时节省开支，市场上高端住宅出现过剩，低端住房由于需求增大，价格可能小幅上涨。最终导致更多的人需要政府提供保障性住房解决"住有所居"的问题。

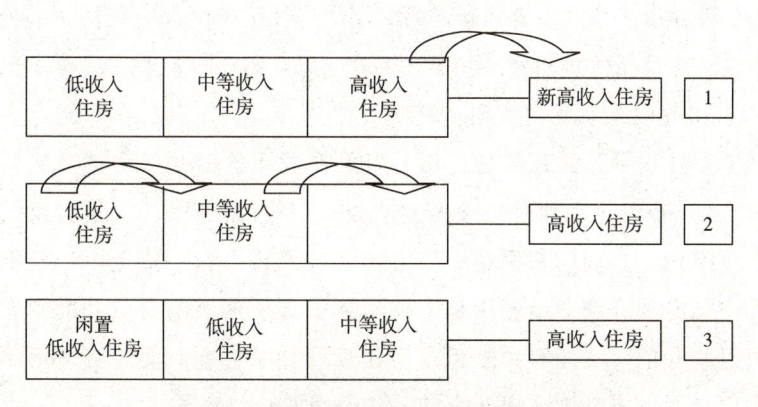

图3-5 居民收入增加与公共住房需求

（3）人均住房面积

人均住房面积是衡量一个国家或地区居民住房水平的重要标准之一，也是提供住房补贴的依据，一般以人均使用面积或人均建筑面积来表示。随着社会经济的发展，城市人均住房面积水平在不断提高，相应低收入家庭的住房面积标准也会不断提高。如果提高人均住房面积水平，就意味着在需要补助的低收入家庭不变的情况下增加所提供公共住房产品的数量。

（4）家庭结构与居住文化

中国传统家庭的居住习惯是大家庭合住在一起，但随着计划生育政策的推行和城市主义文化的发展，以及伴随经济发展而来的人口流动性的增强，与父母分开单独居住的子女越来越多。显然，户型多样性的发展影响到公共住房的总需求数量。

3.2.3.3 主要影响供给的因素

(1) 居住用地供应量及结构

在一定时期内,城市土地的供应总量是有限的。我国现阶段公共住房的供给主体主要是中央和地方政府,面临的一道难题就是如何在商品住房和公共住房建设中分配土地供应。发展公共住房非但不会给政府带来大量的财政收入,相反还会增加政府大量的财政支出。按照我国《廉租住房保障资金管理办法》,廉租住房建设的资金一部分是来自不低于10%的土地出让净收益。开发存量房源,或者在新建的商品住房社区中配以一定比例的公共住房可能是解决商品住房和公共住房在土地占用问题上的矛盾的有效对策。

(2) 财政收入及支出方向

不论是住房补贴还是新建住房,要发展我国的公共住房就要确保落实相关资金。《廉租住房保障资金管理办法》中明确规定,廉租房建设资金主要有以下几个方面的来源:一是市县财政预算中专项资金;二是省级财政预算中的专项补助资金;三是中央预算中必须落实的有关补助资金;四是中央财政专项落实的有关廉租住房建设的补贴资金。而经济适用房的建设也需要地方政府为土地出让金和一些税费的减免埋单。

财政部有关资料显示,近年来我国财政收入逐年递增。2007年超过5万亿元,2008年超过6万亿元,2009年接近7万亿元,2010年超过8万亿元。2006年全国财政支出40200亿元,廉租房投入78.2亿元,仅占全部财政支出的0.19%;2007年全国财政支出49565.4亿元,廉租房投入83.2亿元,廉租房投入仅占政府支出的0.17%;2008年全国财政支出62427亿元,廉租房投入354亿元,廉租房投入仅占政府支出的0.56%;2009年全国财政支出76235亿元,而廉租房投入551亿元,仅占全国财政支出的0.72%;2010年全国财政支出89600亿元,而廉租房投入993亿元,仅占全国财政支出的1.1%。与其他国家和地区相比,我国确实存在较大差距。世界各国在公共住房方面的预算一般要占政府财政支出的2%~3%,我国香港用于住房保障的资金占政府财政支出的5.5%。因此,我国内地要发展公共住房事业,需要采取行之有效的措施来确保公共住房的资金来源。表3-1反映的是中英美三国政府住房支出占GDP比重情况对比(我国以廉租房的数据测算)。

表 3-1　中英美三国政府住房支出占 GDP 比重情况对比

单位:%

年　份	2006	2007	2008	2009
中　国	0.037	0.032	0.12	0.10
英　国	0.46	0.52	0.52	0.53
美　国	0.58	0.62	0.88	0.98

资料来源：根据中国、英国和美国财政部公布数据测算。

3.2.3.4　主要影响因素的实证研究思路

(1) 研究方法

城市经济社会条件和政府干预措施共同作用下的住房领域是一个典型的复杂系统，其中可能存在多个影响公共住房产品供需的因素。同时，由于我国公共住房制度确立较晚，可供进行实证研究的时间序列长度又相对有限。考虑到上述限制，本论文选择采用相关系数分析和主成分分析相结合的实证研究方法，具体分析步骤如下：

第一，基于理论分析和文献综述，提出一系列可能影响公共住房供需水平的经济、社会属性，作为后续研究中的备选变量。

第二，逐一测算各备选变量与公共住房供需水平之间的相关系数，并进行显著性检验，进而筛选得到若干与公共住房供需水平存在显著相关关系的变量。

第三，针对与公共住房供需水平存在显著相关关系的变量，利用主成分分析（Principle Component Analysis）提取若干关键性公共因子，再基于这些公共因子，归纳概括影响公共住房供需水平的核心因素。

(2) 变量指标

基于上述方法，除了如以各年度城市公共住房竣工面积作为对公共住房供给规模的表征外，还需要首先提出一系列可能影响公共住房供需水平的经济、社会属性，作为实证研究中的备选变量。基于理论分析和文献综述结果，论文从以下三个角度，提出了 12 项可能影响公共住房供需水平的备选变量。

一是城市政府对公共住房的供给能力。公共住房属于一种供给端住房补贴工具，其供给有赖于政府的财政支出（在我国现行公共住房建设模式下，主要表现为免除土地出让金、税收减免等形式的机会成本）。相应的，地方政府的财政实力（以及决定政府财政实力的地方经济发展水平等因素）可能对地方政府供给公共住房的能力形成制约。本文以人均地区生产总值（GDP）和人均财政收入（Finance）两项变量对此加以反映，并预期其均与公共住房供给规模间存在正向联系。

　　二是城市居民对公共住房的需求规模。政策性住房供给规模在很大程度上取决于政府管理部门制订的供给计划，而在制订供给计划的过程中，除受制于前述地方财政实力等因素外，通常还需要考虑到对居民需求情况的满足。因此，与市场化住房领域存在显著区别的是，政策性住房供给规模可能受到需求情况的显著影响，亦即存在"以需定供"的特点。而影响居民对公共住房需求规模的因素又可能存在于两个方面。首先是居民住房需求总量。在我国当前发展阶段下，可以认为居民住房需求总量越大，对公共住房的需求量也就越大。对此本文引入城市化率（CIVIL）、居民人均可支配收入（INCOME）、恩格尔系数（ENGEL）和居民人均住房面积（SPACE）共4项变量加以反映，其中恩格尔系数预期与公共住房供给规模存在负向联系，其他3项变量则均预期存在正向联系。在此基础上，国际范围内的现有研究还发现，城市中居民收入差异程度越大，中等及中等以下收入家庭通过市场化渠道解决住房问题（尤其是购买住房）的难度越大，特别是在处于全国或区域核心地位的"明星城市"（Superstar City）中这种现象通常尤为显著（Gyourko J，2006）。相应的，这种情况下居民对公共住房的需求量也可能越大。本文中以最高收入五分组居民人均可支配收入与最低收入五分组居民人均可支配收入的比值（Ratio）作为居民收入差异程度的表征，并预期其与公共住房供给规模存在正向联系。

　　三是城市商品住房市场发展情况。若干国内外研究已经发现，政策性住房领域和市场化住房领域并非是完全割裂的，相反二者之间可能在供给规模、价格等维度上存在互动联系（Ong，2002）。这里引入了商品住房投资规模（Invest）、商品住房竣工面积（CHOUSE）、商品住房平均价格（Price）、土地购置面积（Land）和居住用地价格指数（LPrice）共5项变量来反映商品住房市场发展情况对公共住房供给规模的可能影响，但具体作用方向难以通过理论分析事先预测，而需要在实证研究中加以分析。上述各项变量的详细定义如表3-2所示。

表 3-2 变量定义

变量名	定 义
AHOUSE（万平方米）	城市该年度公共住房竣工面积
GDP（元人民币/人）	城市该年度人均地区生产总值（名义值）
Finance（元人民币/人）	城市该年度人均财政收入（名义值）
Civil（%）	城市该年度城市化率
Income（元人民币/人）	城市该年度城镇居民人均可支配收入（名义值）
INEQU	城市该年度最高收入五分组居民人均可支配收入与最低收入五分组居民人均可支配收入的比值
Engel（%）	城市该年度恩格尔系数
Space（平方米/人）	城市该年度城镇居民人均住房使用面积
Invest（亿元人民币）	城市该年度商品住房投资完成额（名义值）
CHouse（万平方米）	城市该年度商品住房竣工面积
HPrice（元人民币/平方米）	城市该年度商品住房平均价格（名义值）
Land（万平方米）	城市该年度土地购置面积
LPrice	城市该年度居住用地价格同比指数

3.2.3.5 数量均衡政策设计影响要素的提出

综合上文的分析，本文提出影响公共住房产品数量均衡的政策设计的三个基本要素。

一是需求发展要素。在房地产市场基本保持稳定的条件下，受收入水平和消费结构的影响，公共住房产品数量需求的发展路径，不是一条无限上升的直线，而是一条倒"U"字形的曲线。但是在我国现阶段，需求还处在不断上升的阶段。这包含了两方面的含义：

①随着收入分配趋于均等化，富裕阶层不断扩大，贫穷阶层相对缩小，低收入群体数量逐渐减少，达到一定程度后就会平稳发展，甚至到一定时期还会逐渐下降。这会带来公共住房产品需求群体数量的减少。

②随着国民经济的发展和居民收入水平的提高，居民家庭住房消费市场化倾向日趋明显。这会带来公共住房产品平均需求水平的下降。

当然，如果收入差别越来越悬殊，并没有向平等方向转变，我国的公共住房产品需求都会处于持续上升的阶段，并将与我国的收入分配格局呈现相对应的发展状态。

二是供给均衡要素。公共住房的供给水平具有内在的均衡性，与社会经济发展水平相一致，包括阶段性和地域性。这表明，从短期和微观上来看，公共住房产品的供给水平要与经济发展阶段和需求水平相适应，不能过低；从宏观和长远来看，公共住房产品的供给水平又应该保持在适度水平，不能盲目地不加限制地提高。

社会保障尽管是社会经济发展的"稳定器"，但保障水平过度上升并非有利于经济可持续发展，尤其是社会保障系统中如果缺失了激励机制，其社会负面效应就会越来越突出。这种供给的发展趋势与需求倒"U"字形发展阶段如果得以很好地匹配，会促使一国的公共住房政策与经济发展处于一个适应性良好的发展状态，这在西方发达国家的发展历程中也得到了证明。西方发达国家20世纪70年代后期由于推崇高福利制度而使得财政负担沉重。西方部分工业化国家由于社会保障支出增长过快，导致社会保障出现财务危机，影响到社会保障制度的生存和长期发展。从20世纪80年代起，不少国家开始下大力气改革原有的社会保障制度，尤其是改革"从摇篮到坟墓"的过度的社会保障制度。

三是政策适应要素。针对供需的适应程度，公共住房政策主要分为需求推动型政策和供给推动型政策。

当住房市场上存在足够数量的能够满足基本面积标准的住房时，政府需要对一部分没有达到基本住房支付能力的低收入家庭提供保障服务，实行需求推动型为主的公共住房政策；当住房市场上缺乏足够数量的能够满足基本面积标准的住房时，需要对部分中低收入家庭采取住房保障服务，并采用供给推动型为主的公共住房政策。显然，据此分析，在需求倒"U"字形曲线中，前半段主要实行供给推动型政策，后半段则主要实行需求推动型政策。

3.2.4 公共住房政策适度数量均衡的设计预测

如前文所述，公共住房产品的需求主要源自家庭支付能力不足，需要政府帮助解决。作为收入再分配的重要内容和手段之一，某一时点上的公共住房产品的需求确定主要取决于住房的支付能力。研究支付能力及其历史变化趋势可以为公共住房政策的供给数量确定提供条件，也为上节假设

3.2.4.1 收入线模型及需求预测

对公共住房产品的需求预测主要有两种方法。

一是利用收入线模型进行公共住房产品的需求预测,这是目前大多数研究都采用的方法,例如褚超孚(2007)和余凌志(2007)。

二是对社会保障水平测定模型进行修正,通过设定住房保障支出系数具体应用于公共住房保障问题。这一方法由于比较抽象,实际应用还不多。李娜(2006)在其相关研究论文中有所阐述,但是由于涉及社会保障统计在我国不够完善的问题,目前实际应用有难度。本文进行公共住房政策需求预测时,按照图3-6所示步骤进行。

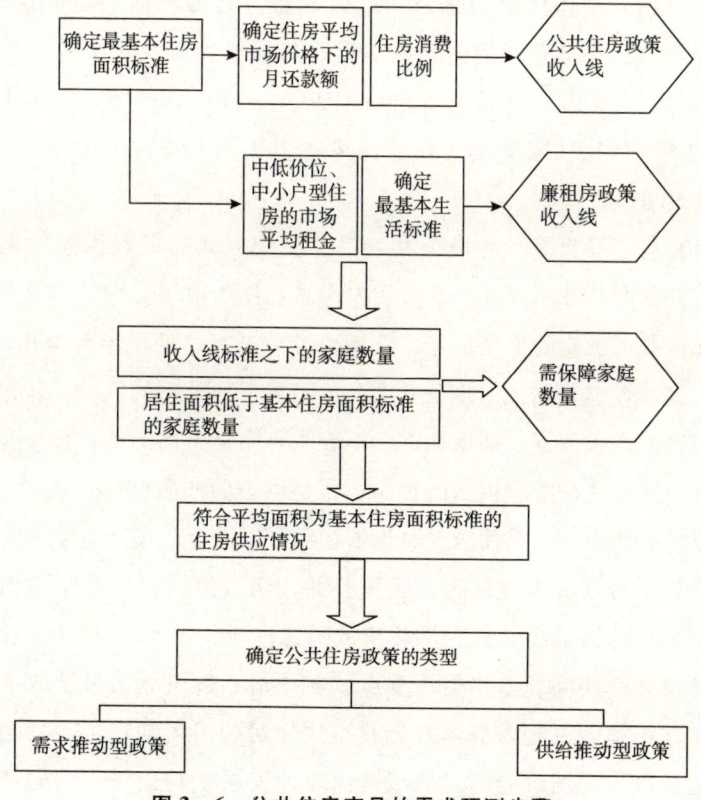

图3-6 公共住房产品的需求预测步骤

3.2.4.2 适度供给水平的测度

在一定的商品住房价格水平下,在经济、土地资源等因素的制约下,城市可能提供什么水平的住房保障？这个问题关系到住房保障政策目标的选择，关系到政策的可行性，某种意义上也是更为重要的问题。随着社会经济发展的进步、人民生活水平的提高，为低收入和最低收入人群提供的住房标准和他们的住房需求满足程度也会相应地逐步提高，公共住房政策的内容也将不断调整，以实现不同时期住房保障的需求。在弄清政府与市场、公平与效率的关系的基础上，住房保障水平保持一个怎样的"度"，才算合理？这个"度"的把握涉及微观和宏观两方面的内容：从微观的角度来讲，供需关系要匹配到什么程度；从宏观的角度来讲，住房保障支出要达到什么水平。

目前国内外尚无住房保障水平测定的系统研究。从微观角度看，住房保障水平是指公共住房政策惠及的家庭数量占有需求的家庭数量的比例；从宏观角度看，指的是政府公共住房支出与国民经济发展水平的关系，国际通用的指标是使用住房保障支出占GDP的比重。20世纪80年代以后欧洲高福利国家住房保障支出占社会保障支出比例平均在17.58%，占GDP的比重平均在5%左右。

公共住房产品作为一种准公共物品，要把握其需求和供需均衡并不容易，因为公共产品并不存在一个像私人产品一样的市场。作为准公共产品的提供者无法获得准确的价格信号。从城市准公共产品的供给对象出发，"有效供给"是指使城市居民对准公共产品的需求得到满意的供给，从而达到供给满足市民的需求偏好。抽象地讲，一般需要满足下面的条件：一是需求者无须被强迫购买或分配所供给的物品；二是供给的产品价格、质量、服务等符合需求者的意愿；三是需求者对供给物品可以进行有充分选择的替代。

鉴于以上分析，本文认为，我国公共住房政策的适度数量供给要从两方面来分析：一方面要比较公共住房政策总体投入占GDP的比重；另一方面要分阶段地解决问题，当前将重点放在分析和解决无房最低收入群体的廉租住房与中等偏下收入群体的公共租赁住房的供需缺口上，适当关注购房的供需缺口。我国政府确定把城镇保障性安居工程建设作为经济社会发展的约束性指标，明显加大了保障性住房的建设力度。根据住房和城乡建设部资料，2010年开工建设590万套，2011年计划开工建设1000万套，"十二五"完成3600万套。如果这些目标能够实现，我国城镇居民住房保障覆盖面将在目前不及 10% 的水平上翻番达到 20% 左右，也将接近发达国家 25%~30% 的水平。

3.3 适度质量均衡与政策设计

虽然说数量均衡的分析是最常用也是最重要的内容，但在衡量公共住房供给的时候依然存在缺陷。例如，它没有考虑到有住房需求的低收入租房户和具有相应价位的廉租房可能不在同一地方，满足需求条件的房子可能在户型上有问题，也可能所处的小区环境有问题。所以，在适度的数量均衡的基础上，还要考虑住房质量均衡的问题。

3.3.1 公共住房质量均衡的含义

住宅具有两种特征：居住特征和位置特征。住宅的居住特征是它本身的特征，即每座住宅在大小、布局、有用性、内部设计和建筑完整性等诸多方面都各不相同。住宅的位置特征包括交通、公共设施供应、环境质量和邻近区域风貌等。住宅的上述两点特征综合起来可以成为住宅的质量特征，而住宅的质量均衡就是指家庭的住宿条件达到社会大多数人可接受的标准。公共住房的质量均衡就是指政府提供的公共住房要考虑多种相关因素达到大多数人可接受的标准。

3.3.2 影响公共住房质量均衡的主要因素

3.3.2.1 建筑质量

每个家庭都很关注住宅的建筑质量，公共住房是社会福利性质的住房，它的质量问题不但为百姓所关注也为政府所重视。公共住房分为两类，一类是新建造的，另一类是政府挖掘已有房源购买或回购的二手房。分析公共住房的建筑质量，有必要对这两种房源分别分析。新建筑的质量要从原材料的质量、设计图纸的质量、施工质量、节能环保水平和装修材料质量等方面把关。旧建筑的质量则主要从建设年代、维护状况和改建情况等方面加以把握。通过对印尼多层房屋定制工作的研究，揭示了根据用户需求决策定制方法、采用不同的建筑构件，对提高建筑寿命的重要性

(Warouw F, 2010)。

由于目的不同，公共住房在规划水准、面积标准和配套水平等方面一般都比不上商品住房，但是在建筑质量特别是施工质量方面，住房验收基准应该是一样的。公共住房供应主体要严格执行各种标准，严把质量关，不让质量不合格的房源进入供应系统。

3.3.2.2 区位因素

区位因素主要涉及交通成本、环境因素等。

（1）交通成本

随着城市交通的发展，各种相应的交通成本费用增加很大。这些成本不仅仅指燃油费等可以通过市场价格体现出来的财务成本，还包括环境污染等非市场价格成本。大体可以分为个人成本和社会成本两大类。对于被覆盖到公共住房体系的人群来说，大部分家庭需要通过公共交通出行，如上班、购物等。鉴于人们对交通时间成本和拥挤成本的普遍厌恶，公共住房应该尽可能建立在公共交通设施相对比较发达的地区，如公交车沿线或轨道交通沿线。对于有大量工作人群集聚的大型工业园区和开发区等，可以就近规划建设公共住房，这样既降低了居民个人的交通成本也降低了公共交通的拥挤成本。

（2）环境因素

环境因素包括空气质量、噪声情况和周边景观因素。由于公共住房主要满足的是低收入群体的居住需求，相对这部分人群所承担的生活压力而言，环境因素并不是影响他们选择住宅的最重要因素。但是，政府在公共住房的规划建设中也必须考虑环境因素的优化。因为低收入群体调整住房的能力本来就偏弱，如果住房的环境质量存在缺陷，将会对居住者影响很长时间甚至终生。应该确保噪声情况、空气质量和景观因素等不致对居住者的身体健康产生不利影响。比如，有研究表明，环境不好的住房条件和哮喘之间的联系已被归因于部分蟑螂和老鼠的侵扰以及由此产生的过敏源的暴露（Peters J L, 2007）。

3.3.2.3 面积与格局

公共住房对面积和户型格局方面最基本的要求是简单实用，使有限的居住面积效用最大化。如果面积过大，低收入家庭难以为那些多余的面积支付费用，而且面积过大，物业费和取暖费都会给其造成过重的负担。从供应主体的角度而言，公共住房的定位肯定是过渡性的，能够满足居民的基本居住需要就达到了目的，故可以考虑在小户型合理分配卧室、客厅、厨房等功能设计方面多下工夫，尽量缩减其建筑面积增加使用面积，一方面可以建更多的公共住房，另一方面也利于形成运转正常的轮候机制与退出机制。因为政府管制不力也会导致公共住房政策的供给失败。这些管制主要包括了对住房尺寸、质量和密度的规定。

3.3.2.4 配套服务设施

城市配套设施包括教育、医疗卫生、文化体育、商业服务、金融、邮电等，这些是城市居民生产生活中不可或缺的重要物质保障，它们主要是由政府投资建设完成、为城市及城市居民提供全面服务的公益项目，是构成城市公共服务体系的重要内容。因此，离这些设施的距离越近，居民从中所能获得的利益就越大。为了保障居民的生活水平，有必要将这些住宅选址于公共服务设施比较完备的地区。公共住房的建设也应该符合一般的小区配套条件，从道义上讲，不论经济状况如何，人们都有享受便利的居住条件的权利。政府提供保障性住房的目的就是要改善低收入群体的居住条件，使他们能够享受齐全的配套服务设施是住房保障的题中应有之义。

3.3.3 衡量住房质量水平的指标与政策设计

公共住房质量水平可以用公共住房带给居住者的满意度来反映。满意度可用建筑质量、环境因素、面积和格局、配套服务设施四个因素的相对加权平均计算得到。因为每个人的需求侧重不一样，给这四项指标设定的权重自然不同，为了具有可比性，规定这四个因素的权重和为100%，并给这四项按照现有居住水平的实际情况打分，分值区间为0~100。下面列表说明要求和计算方法（见表3-3、表3-4）。

表3-3 公共住房质量满意度因素

影响因素	建筑质量	环境因素	面积和格局	配套服务设施
权重设定	A1	A2	A3	A4
现实打分	M1	M2	M3	M4

注：$A1+A2+A3+A4=100\%$；$0 \leqslant M1, M2, M3, M4 \leqslant 100$
分数计算：$S = A1 \times M1 + A2 \times M2 + A3 \times M3 + A4 \times M4$

表 3-4　公共住房质量满意度因素分值

分　值	0~49	50~60	61~70	71~90	91~100
满意度	无法接受	勉强接受	比较满意	满意	非常满意

得分在 50 分以上就是可以考虑接受这样的住房，分数越高满意度越高，如果得分低于 50 分，则就不愿意选择这样的住房。

举例说明：如一个居住在某廉租房的居民，他现住宅为新建住房，面积适中，就是离他工作单位较远，因为位置较偏，配套设施也不是很完善，他的打分如表 3-5 所示。

表 3-5　公共住房质量满意度因素分值实例

影响因素	建筑质量	环境因素	面积和格局	配套服务设施
权重设定（%）	40	20	25	15
现实打分	90	35	80	40

那么他的质量满意度的得分为：$S = 40\% \times 90 + 20\% \times 35 + 25\% \times 80 + 15\% \times 40 = 69$

由表 3-5 可见，他对建筑质量非常重视，对配套服务设施觉得无所谓。最终的得分为 69 分，他对现有居住质量比较满意。

通过这个表格可以了解居住者对现有公共住房的满意度如何，以及大部分居民对这四个质量因素的重视程度，以此来指导我们制订兴建或改建公共住房的标准。比如建设满意度得分为 61~70 分的公共住房，可以在一定程度上缓解低收入群体的居住压力，也可以减少资金投入以兴建更多的公共住房。

3.4　动态均衡与政策设计

3.4.1　公共住房动态均衡的含义

公共住房动态均衡是用动态分析的思路来考察公共住房的均衡问题，即指加上时间变量综合分析各因素作用下的公共住房数量和质量的总体均衡。目前来看，我国的公共住房处于很不均衡的状态，需求远大于供给，质量标准有待提高，所以目前我国公共住房的总体目标就是如何在社会经济发展的较长时期内把握各种影响变量，达到大体的均衡。

前文对我国公共住房问题的供需均衡、质量均衡的分析，并没有涉及时间变化对各影响因素的影响，属于静态分析。这种对某一个时点或是短期的分析，有助于我们检验所取得的成果，并发现、分析问题，但要想从根本上解决公共住房问题，需要制订长期的规划和计划，一步一步地推进和实施。因为我国是发展中国家，人口基数过大，社会保障水平不高，公共住房问题与这些因素都是紧密相关的。公共住房的动态均衡分析也意味着制定和实施公共住房政策要密切关注社会经济环境的变化，中长期的公共住房政策必须要考虑城市主义、国家主义和重商主义这些社会经济特征和观念的变化趋势。因此，对我国的公共住房事业进行动态分析是在一定时期内完善居民居住条件，达到稳定的均衡状态所必需的。

3.4.2 动态均衡的影响因素

3.4.2.1 住房需求层次

从公共住房政策的微观角度来讲，需求的发展和演变会影响到公共住房政策的供需均衡关系。例如在美国，19世纪末20世纪初住房政策的目标主要是提高住房的整体质量，消除不达标住房，因为当时全美大约有1/3人口的居住条件没有达标。到20世纪40年代，有45%的住户居住在没有完备卫生设施的住房里。到1960年，这一比例降到了17%，到1980年则不足3%，1990年只有1%多一点。而现在，住房的可支付性和过于拥挤上升为更主要的问题，全美有6%的人口面临住房过于拥挤，11%以上的家庭将超过一半的收入用于住房消费上（阿列克斯·施瓦兹，2008）。这种变化与住房需求层次的演进密切相关。

美国人本主义心理学家马斯洛把人类的基本需求划分成由低到高五个不断递进的层次，用以解释人类动机的变化，被称为需求层次论（Hierarchy of Needs Theory）。马斯洛认为，需求是人的内在本性的反映；人的行为动机取决于其需求，只有需求未得到满足的时候才会引发人的行为动机；人类需求是由低到高分层排列的，只有满足了较低层次的需求后，才会进而上升到较高层次的需求（杨全社，2010）。需求层次理论对社会公共产品的分类供给和管理有一定的现实意义。

住房是人类的基本需求，它最基本的功能是解决人类睡眠和休息的问题。这是针对所有住宅而言的，但是不同质量的住宅可以满足人类不同的多元化的需求。住宅的质量、小区的环境、治安状况等，是居住者其安全、社交和尊重获得满足的必要条件。但是这只是人们在满足"有房住"的基本前提之后的需求。根据马斯洛关于层次越低的需求其强度越大的观点，可以得出低收入居民对于是否有房住的需求明显强于对居住质量的需求。而低层次的需求满足后，人类会关心更高层次的需求，也就是当供求关系基本达到平衡（收入极低和居住条件极差的群体有房住）后，追求质量均衡自然成为重点。

3.4.2.2 经济社会发展阶段

从宏观角度来讲，公共住房政策的主要目标是解决中低收入家庭的基本居住需求问题，保障水平的高低主要取决于基本居住标准、中低收入家庭所占的比重以及住宅存量规模与人口规模的关系等因素的变化。随着经济发展和贫困人口逐渐下降，公共住房政策的内容和政策力度都会发生阶段性的变化。如前所述，当处于大规模的城市化时期，城市人口会持续增加，中低收入群体住房拥挤问题会要求公共住房政策水平迅速跟进，这也正是目前我国所处的阶段。当国民经济发展到一定阶段，人们的收入差距缩小、贫困人口逐渐减少时，公共住房政策的压力才会逐渐下降。但历史表明，经济起飞和社会转型的过程正是收入差距不断加大的过程，符合所谓的"马太效应"，重房主义的蔓延会进一步刺激"马太效应"的放大，造成这个阶段公共住房需求的压力非常之大，需要制定和实施更有效率和更富前瞻性的公共住房政策。

3.4.3 动态均衡与政策设计

在分析了公共住房数量均衡、质量均衡的基本内容后，综合我国经济社会发展情况，得出以下阶段性发展安排，以使公共住房政策的保障水平和内容保持一定的动态性。

第一，应该认真考虑城市住房问题所处的发展阶段与公共住房供求关系的实际状况。在市场机制能够充分发挥作用的条件下，如果住房严重短缺，公共住房政策可以直接介入的方式提供实物住房，这种情况下对政策水平和力度相对要求较高；如果供给充分只是有效需求相对不足，政府可以通过改善需求介入。而在住房供求关系能够得到缓和的阶段，要求政府提供保障的范围不大，住房保障压力也相对不大（褚超孚，2005），公共住房政策更加关注公共住房的质量问题。因此，住房问题发展的阶段性决定了公共住房政策的作用方式和作用力度，也决定了一个城市住房保障的具体方式和重点，以及相互之间的关系变化（王世联，2006）。

第二，应该认真考虑一个城市的社会资源承载能力。公共住房作为由政府向居民提供的准公共产品，在一定意义上也是通过福利转移的方式调整城市居民收入再分配，以保持社会稳定和维护社会公平，确保广大低收入家庭也能够得到享受社会经济发展成果的机会。当然，也只有在充分考虑城市的社会资源承载能力后制定的公共住房政策才具有一定的有效性和可持续性。

3.5 城市公共住房政策适度供需均衡在北京市的应用研究

以北京市为案例来进行应用研究，具有特殊而全面的意义。首先，北京市的整体经济发展水平在全国处于第一阶梯。2009年北京市国内生产总值达到11865.9亿元，人均GDP达到68788元（按年平均汇率折合10070美元），达到了中上等发达国家水平，且数据完整相对具有较长的时间序列意义。其次，北京有众多的外来务工人员以及很多大学毕业生，多层次的住房需求并存。再次，北京由于其首都独特的地理位置，接受公共住房政策的影响和传递效果最为显著。

在本节主要验证本章所提出的关于公共住房产品的数量、质量及其动态发展与政策设计，并针对北京市提出公共住房政策设计的部分政策建议。

3.5.1 公共住房产品的数量需求

3.5.1.1 收入线模型的应用及需求预测

在分析需求时，前面分析了需要政府解决的三大问题，那么就要从三大问题入手：有效需求不足——希望并有能力租住和购买，希望获得住房的是多少，没有能力获得的是多少，分为首先是租不起、租得起但是租不到（暂时不考虑），其次是租得起但买不起。这里有几个前提假设：人均面积及标准、贷款年限、住房消费比例、租买无差异假设。

第一步：确定住房保障面积标准。

基本假设：人均住房面积标准为10平方米，这是参照北京市廉租房和经济适用房申请条件确定的。

各国对住房保障都有明确的标准，如欧洲地区家庭人口在3~6人之间，保障性住房平均使用面积在46~72平方米。目前，我国大多数地区都按人均住房面积确定保障标准，没有充分考虑家庭代际结构等因素，也没有考虑地区差异，也不能准确反映实际的居住需求。但是由于我国当前发展阶段保障能力弱、供需缺口大，因此建议要以家庭为单元来确定住房保障标准，以确保效率与公平的关系。根据《住宅设计标准》规定，考虑到家庭代际、性别和人口等因素，建议低收入家庭住房保障标准为建筑面积30~50平方米。其中，1~2人家庭户建筑面积30平方米；3~4人家庭户建筑面积40平方米；4~5人家庭户建筑面积50平方米。本文主要采用人均10平方米的标准来进行计算。

第二步：确定单套住宅的市场总价。

市场总价＝面积标准×商品住房的市场价格的平均水平

北京市规定了要严格控制廉租住房套型面积在50平方米以下，经济适用住房户型面积控制在60平方米左右。所以，对于廉租房和经济适用房分别计算市场总价。

根据2007年的平均价格水平，购买50平方米最高标准廉租房面积住房的市场总价＝11553元/平方米×50平方米＝577650元，购买20平方米最低标准住房的市场总价为231060元。

2007年，购买最高标准经济适用房面积标准住房的市场总价＝11553元/平方米×60平方米＝693180元，购买20平方米最低标准住房的市场总价为231060元。

第三步：贷款成数和贷款年限。

假设：按二十年的贷款年限和20%的贷款成数进行计算。可以将贷款年限设定为二十年，即还款期数为240期（月）。

第四步：测算贷款的每月需还款额。

贷款总额＝贷款成数×单套住房的总市场价格，可以算出贷款本金。

则代入如下公式计算得出贷款的每月需还款额：

$$D = \frac{C \cdot r(1+r)^n}{(1+r)^n - 1}$$

2007年北京市购买廉租房面积标准住房的月等额本息还款额为3488元；最低标准1395元。购买经济适用房面积标准住房的月等额本息还款额为4185元。则购买廉租房面积标准住房和经济适用房面积标准住房的年还款额分别为41856元（两口之家的最低标准为16742元）和50220元。

第五步：确定住房消费比例，使用国际通用的标准30%。

第六步：收入线的确定。

收入线＝年还贷额÷住房消费比例

将上述计算结果代入得到：2007年北京市购买廉租房面积标准住房的家庭收入线应该在139520元（最低标准为55806元）；购买经济适用房面积标准住房的家庭收入线在167400元（最低标准为55806元）。

根据2007年北京市城镇居民家庭基本情况抽样调查的"平均每户年均可支配收入"情况（见表3-6），即使按照每户2人共20平方米的最低保障面积标准（而我们可以看到北京市平均每户家庭人口为2.8人）计算，北京市的中低收入户、低收入户都无力支付基本面积住房的市场价格，中等收入户收入刚刚能够支付两口之家20平方米的住房价格。因此，根据北京市的基本住房保障面积标准，中低收入家庭和低收入家庭（其中包括5%的困难户）都应被纳入经济适用房和廉租房的保障范围。

表3-6 2007年北京市城镇居民家庭基本情况（抽样）

3000户城镇居民家庭基本情况（按收入水平分）（2007年）					
项目	全市平均	低收入户	中低收入户	中等收入户	中高收入户	高收入户
调查户数（户）	3000	20% 600	20% 600	20% 600	20% 600	20% 600
平均每户家庭人口（人）	2.8	3.1	2.9	2.9	2.8	2.6

续表

3000 户城镇居民家庭基本情况（按收入水平分）(2007 年)

项 目	全市平均	低收入户	中低收入户	中等收入户	中高收入户	高收入户
有收入者人数（人）	6737	1177	1348	1409	1428	1375
就业人口数（人）	4822	883	951	998	1006	984
平均每户就业人口数（人）	1.6	1.5	1.6	1.7	1.7	1.6
离退休人员数（人）	1894	284	392	409	419	390
其他有收入者人数（人）	21	10	5	2	2	2
无收入者人数（人）	1808	677	410	299	236	186
平均每位就业者负担人数（人）	1.4	1.8	1.4	1.3	1.2	1.2
平均每人年可支配收入（元）	21989	10435	15650	19883	25353	40656
平均每人年消费支出（元）	15330	9183	12196	15094	17747	23415
平均每户年可支配收入（元）		32349	45385	57661	70988	105705.6

数据来源：北京市统计局，2008。

3.5.1.2 供需数量缺口与住房保障水平

目前，我国各地廉租住房政策的保障对象仍然主要是针对一部分低保家庭。北京市于 2001 年 8 月下发的《北京市城镇廉租住房管理试行办法》明确规定：在城市近郊八区，对人均住房面积低于 7.5 平方米的低保和优抚家庭采取以租金补贴为主、租金减免和实物配租为辅的政策。2005 年 5 月，北京扩大了廉租房的惠及范围，将住房困难家庭申请廉租房的收入标准从家庭人均月收入 300 元的低保线提高到家庭人均月收入低于 580 元。但是由于廉租房建设资金和相关政策一直落实不到位，目前廉租住房制度也只是满足了部分低保户群体的需求。

经济适用房定位是面向中等收入之下的低收入群体的政策性商品住房，然而根据统计，以 2006 年竣工的经济适用房套数进行推算（按照 10 年时间计算，因为 1998 年才开始明确经济适用房是为低收入群体解决住房问题的），北京只达到了对 142.28 万户的中等收入以下群体的 17.8% 的覆盖率，其余省区的保障水平都在 5% 以下。

总之，目前北京市住房保障还处于供需缺口较大的时期。如果要达到供需基本均衡，可以通过两个途径来实现：一是提高收入水平；二是提高供给力度和调整供给结构。由于北京市房价在全国的突出高涨（见表3-7），如果按照 1~2 人家庭户建筑面积 30 平方米；3~4 人家庭户建筑面积 40 平方米；4~5 人家庭户建筑面积 50 平方米等标准来计算，即使是高收入家庭也会进入无力购买市场住房的行列。所以，当前阶段首先是要提高政府在住房保障上的供给力度。从手段上来看，①要提高廉租住房在公共住房中的比例。②降低经济适用房的户型平均面积，在同样的建筑面积下增加供给套数，以惠及更多的低收入家庭。

表 3-7　2007 年全国 32 个地区商品房销售均价对比

单位：元/平方米

地　区	房屋平均销售价格	地　区	房屋平均销售价格
全　国	3864	浙　江	5786
北　京	11553	安　徽	2664
天　津	5811	福　建	4684
河　北	2586	江　西	2072
山　西	2250	山　东	2904
内蒙古	2247	河　南	2253
辽　宁	3490	湖　北	3053
黑龙江	2471	湖　南	2233
上　海	8361	广　东	5914
吉　林	2302	广　西	2539
江　苏	4024	海　南	4162
陕　西	2622	重　庆	2723
甘　肃	2191	四　川	2840
宁　夏	2136	贵　州	2137
新　疆	2081	云　南	2455
青　海	2311	西　藏	2704

资料来源：国家统计局，2008。

通过上述计算和分析，可以得出目前北京市公共住房水平还处于"不足期"的基本结论，中低收入家庭的住房问题还需要通过较长时期的努力才能解决。家庭收入有所增加、财政收入的显著增加以及恩格尔系数的有所下降，等等，这些都不足以引起公共住房需求家庭的明显减少，当前的重点仍然是需要政府继续提高投入水平,扩大公共住房在全部住房供应中的比例,以确保市场住房价格居高不下的情况下中低收入家庭的住房问题能够得到妥善解决。

3.5.2 北京市经济适用住房供给规模影响因素的实证分析

3.5.2.1 方法与数据

方法采用本章关于主要影响因素的实证研究思路中选择的相关系数分析和主成分分析相结合的实证研究方法;变量指标考察期自1999年起,至2007年止。如未特别说明,则各变量数据均来源于各年度《北京统计年鉴》。

3.5.2.2 实证结果和分析

(1) 相关性检验结果

首先针对表3-2中提出的各备选变量,逐一测算其与经济适用住房竣工面积(Ahouse)之间的 Pearson 相关系数,并对其显著性程度进行双尾检验(two-tailed significance test)。计算和检验结果如表3-8所示。

表3-8 各影响因素与经济适用住房竣工面积间相关性检验结果

变量	相关系数	变量	相关系数
GDP	0.409	SPACE	0.620*
Finance	0.287	INVEST	0.552
Civil	0.592*	CHOUSE	0.906***
Income	0.402	HPRICE	-0.122
Inequ	0.590*	LAND	0.373
Engel	-0.795**	LPRICE	0.262

注:***:99%的置信度下显著; **:95%的置信度下显著; *:90%的置信度下显著。

如表3-8所示,备选的12个变量中,有5个变量与经济适用住房竣工面积之间的相关关系在90%或更高的置信度水平下显著。其中,表征政府经济适用住房供给能力的两变量(GDP和Finance)均不显著。这表明,对于北京市而言,由于其相对发达的地区经济和相对雄厚的地方财政实力,供给端限制(尤其是资金限制)很有可能并不是决定北京市经济适用住房供给规模的主要因素。

第 3 章 城市公共住房政策的适度供需均衡分析

相比之下，表征经济适用住房需求规模的各变量则多表现出了显著的相关关系。根据检验结果，与此前的理论预期相一致，城市人口规模越大（即城市化率（Civil）越高），居民生活水平就越高（即恩格尔系数（Engel）越低）；居民整体居住状况越好（即人均住房面积（Space）越大），城市居民对经济适用住房的需求总量可能越大。在此基础上，检验结果同时显示，城市中居民收入差异程度越大（INEQU 越高），中、低收入居民通过完全市场化渠道解决住房问题的难度越大，相应的对带有政府支持成分的经济适用住房的需求量也可能越大，这也与此前的理论预期相符。

第三组变量中，商品住房竣工面积（CHOUSE）一项变量表现出显著的正相关关系，这在一定程度上反映了经济适用住房市场与商品住房市场之间的密切联系。但商品住房投资完成额（Invest）、商品住房平均价格（HPrice）、土地购置面积（Land）和土地价格指数（LPrice）则没有表现出与经济适用住房竣工面积之间的显著相关性。

(2) 主成分分析结果

通过表 3-8 的相关性检验，已经从全部 12 项备选指标中初步筛选得到 5 项与经济适用住房供给规模存在显著联系的变量。但从表 3-9 的检验结果可以看出，这 5 项指标彼此之间同样存在着密切的关联关系，其 KMO（Kaiser - Meyer - Olkin）统计量也达到了 0.815。因此，有必要通过主成分分析，进一步对这 5 项指标进行降维处理，以得到对北京市经济适用住房供给规模主要影响因素的更为深入的认识。

表 3-9　各影响因素间相关性检验结果

	Civil	INEQU	Engel	Space	CHouse
Civil	—	0.775**	-0.878***	0.912***	0.772**
INEQU		—	-0.830***	0.869***	0.810***
Engel			—	-0.935***	-0.864***
Space				—	0.795***
CHouse					—

注：***：99% 的置信度下显著；**：95% 的置信度下显著；*：90% 的置信度下显著。

为此，对 5 项原始指标进行标准化处理后，再进行主成分分析。表 3-10 首先给出了基于主成分分析法提取得到的各公共因子的特征值和累计方差贡献率情况。以通常采用的 80% 的累计方差贡献率为标准（亦即保证提取得到的因子所包含信息量占原始指标总信息量比重不低于 80%），则如表 3-10 所示，可以提取前 3 项因子作为 5 项原始指标的主成分因子。后两项因子的信息含量则相对有限，此后的分析中不再加以考虑。

表 3-10　因子特征值和累计方差贡献率

因子编号	特征值	累计方差贡献率（%）
1	2.322	46.442
2	1.142	69.282
3	0.720	83.681
4	0.453	92.751
5	0.362	100.000

在此基础上，针对提取的 3 项主成分因子，进一步计算其对 5 项原始指标的因子载荷矩阵，如表 3-11 所示，其中分别给出了原始值和采用方差极大法进行旋转后的结果。

表 3-11　因子载荷矩阵

	原始值			方差极大法旋转		
	因子 1	因子 2	因子 3	因子 1	因子 2	因子 3
Civil	0.806	-0.156	0.207	0.569	0.607	-0.157
INEQU	0.109	0.938	-0.197	-0.003	0.087	0.960
Engel	-0.789	0.353	0.234	-0.840	-0.214	0.224
Space	0.776	0.121	-0.465	0.857	0.114	0.294
CHouse	0.660	0.315	0.606	0.130	0.925	0.174

表 3-11 给出的因子载荷矩阵对提取得到的 3 项主成分因子的理论意义进行了直观的反映。第一主成分因子在城市化率（CIVIL）（正向）、恩格尔系数（ENGEL）（负向）和居民人均住房面积（Space）（正向）三项指标上具有较大的载荷系数。由此可以认为，第一主成分因子主要反映了城市居民的住房需求状况（由城市人口规模、收入状况、住房现状等因素所决定）。第二主成分因子仅在居民收入差异程度（INEQU）上具有较大的载荷系数（正向）。换言之，该因子集中反映了北京市城镇居民收入水

平的不均衡程度。第三主成分因子则在商品住房竣工面积（CHOUSE）上具有相对较大的载荷系数（正向），即集中反映了商品住房市场对经济适用住房市场的影响。

上述实证结果表明，1999～2007年北京市经济适用住房供给规模具有明显的"以需定供"的特点，政府相关管理部门在确定经济适用住房供应规模，并将其加以实施的过程中，确实（至少在一定程度上）从居民对经济适用住房的需求情况出发，同时也考虑了商品住房市场的发展情况，因此具有较强的合理性。此结论对于改进和完善未来公共住房政策提供了一定的参考依据。近年来，北京市不断调整公共住房政策，逐步加大了租赁性住房的供应力度，这也是针对住房保障需求不减、经济适用住房保障成本压力较大所做出的调整。

3.6 小结

本章在介绍公共产品一般均衡分析思路之后，针对解决公共住房问题的关键核心问题——公共住房的需求和供给均衡问题，包括数量均衡、质量均衡和动态均衡作了较为详尽的理论分析。

主要基于数量的供需均衡分析，提出影响公共住房产品数量均衡的政策设计的三个基本要素，以期使住房保障的需要规模与供给能力逐步达到均衡，从而使公共住房政策设计体现出动态性。

一是需求发展要素。在房地产市场保持稳定的前提假设下，受收入水平和消费结构的影响，公共住房产品数量需求的发展路径，不是一条无限上升的直线，而是一条倒"U"字形的曲线。但是在我国现阶段，还处于不断上升的阶段。

二是供给均衡要素。公共住房的供给水平具有内在的均衡性，与社会经济发展水平相一致，包括阶段性和地域性。这表明，从短期和微观上来看，公共住房产品的供给水平要与经济发展阶段和需求水平相适应，不能过低；从宏观和长远来看，公共住房产品的供给水平又应该保持在适度水平，不能盲目地不加限制地提高。

三是政策适应要素。针对供需的适应程度，公共住房政策主要分为需求推动型政策和供给推动型政策。当住房市场上存在足够数量的满足基本面积标准的住房时，政府只需要对一部分没有达到基本支付能力的低收入家庭提供保障服务，实行需求推动型的公共住房政策；当住房市场上没有足够数量的满足最基本面积标准的住房时，需要对部分中低收入家庭提供住房保障服务，实行供给推动型的公共住房政策。

上述理论归纳和影响因素分析框架模型，对于系统地回答城市公共住房政策"提供多少""提供什么"的问题具有理论指导意义，为其量化研究提供了方法和工具。对于公共住房政策设计来说，单纯考虑数量上的问题是不够的，尽管这是我国目前面临的最主要问题。公共住房产品尤其是直接提供产品的建筑质量、区位、格局及配套服务设施会影响到公共住房政策的服务水平，而人类基本需求的层次性和多样性给公共住房政策的长远规划提出了更高的要求。

通过对北京市的数量研究可以得出，目前北京市住房保障发展还处于"不足期"，还需要通过较长时期的努力才能解决。家庭收入和政府财政收入的增加，恩格尔系数的下降，等等，都不足以导致住房保障家庭比例的减少，目前主要是需要政府加大投入力度，扩大公共住房在全部住房供应中的比例，以确保在市场住房价格居高不下的情况下中低收入家庭的住房问题能够得到妥善解决。这验证了需求发展要素。如果要达到供需基本平衡，可以通过两种途径来实现：一是提高收入水平；二是加大政府供给力度和调整供给结构。包括提高廉租房的比例和降低经济适用房的户型平均面积。

近年来，北京市不断调整公共住房政策，逐步加大了租赁性住房的供应力度，这也是针对住房保障需求不减、经济适用住房保障成本压力较大所做出的调整。总体而言，北京市保障性住房的总体供给量处于一个不断发展和推进的过程中，与国民经济发展水平和居民消费呈现同步发展的趋势，与商品房市场联系密切。主要受到"人均GDP"、"城镇家庭可支配收入"和"商品房建设投资额"指标的影响，影响方向呈正相关。"居住消费支出比例"和"商品房价格"指标也具有一定的解释力，但是从当前来看，影响尚不明显。这验证了供给均衡要素。

第 4 章 城市公共住房政策供给效率与需求公平均衡分析

第 3 章分析了公共住房政策的适度供需均衡，并对公共住房产品供需数量、质量及其动态均衡进行了理论分析，构建了公共住房产品需求和供给数量的预测模型。然而，从政策制定过程和实施效果来看，贯穿于供需体系的效率与公平的关系问题，无疑是评判城市公共住房政策成败得失的另一个重要框架。本章将从一般社会公共政策的供给效率与需求公平的均衡分析入手，结合国内外的实践经验和实际情况展开对城市公共住房政策供给效率和需求公平关系的具体分析。

4.1 一般公共政策的供给效率与需求公平的均衡分析

4.1.1 公共政策供给效率及其主要影响因素

按照西方福利经济学的理论，效率是表征产出大小或高低的标准，是对社会经济资源配置水平的反映。因此，资源配置的最优状态和产出标准，以及为满足该状态和标准所需的最优条件是效率优化的目标。公共政策的供给效率即表征政府组织提供公共产品能力和水平的指标。任何一项公共政策的出台，要想真正起到作用，实现政策目标，在政策供给上必须要确保效率，要确保在一定时期内使政策成效得到体现，否则，政策供给效率体现不出来，就要调整政策，甚至朝令夕改。这是公共政策设计和执行中应该避免的情况，但事实上在社会公共政策实践中又屡见不鲜。影响公共政策供给效率的因素很多，主要因素如下：

4.1.1.1 政府行为能力

政府是管理和服务社会的组织。现代政府理论给政府角色定位是"服务型政府",其含义在于纳税人供养政府的目的是要政府为社会提供服务,而不是传统意义上的统治式管理。而制定和实施公共政策是政府提供的主要服务内容之一。因此,政府的行为能力显然非常重要,包括信息畅通、决策科学、执行有力等是考量政府行为能力的重要因素,具体作为包括出台法规、制订规划、建立机构,等等。政府行为能力直接制约了公共政策的力度、水准和效用,是影响公共政策供给效率的源头性因素。

4.1.1.2 资源投入规模

在政府行为能力到位之后,资源投入规模就成为影响公共政策供给效率的关键因素。公共政策要解决的问题都是面向大众的社会问题,这些问题多半是关乎社会稳定和福利的,与经济发展导向有一定的冲突,在资源配置上存在目标选择分歧。尤其对于视发展为硬道理的许多发展中国家而言,更多的资源被用于支持经济发展,在公共政策上的资源投入相对有限,许多社会问题只能期待在经济有效发展后加以解决。这也是公共政策方面的投入在财政支出中的比重发达国家远远高于发展中国家的原因。

4.1.1.3 组织机制

公共政策从制定到执行一般涉及的政府部门较多,社会关注度也较高,因此,在政府行为能力和资源投入规模都能保证的前提下,组织机制是影响公共政策供给效率的重要因素。组织机制决定了政府行为能力与资源投入规模能否有机结合、有效组合,并使有效产出最大化。如同计算机的软件和硬件需要操作系统加以优化组合一样,政府行为能力和资源投入规模是公共政策供给系统的主要软件和硬件,组织机制便是公共政策的操作系统。因此,有效的公共政策需要政府、社会专家、民意代表共同参与,目的就是要提高公共政策操作系统的运行和决策能力。具体见图4-1。

4.1.2 公共政策需求公平及其主要影响因素

正如供给效率与有效产出分不开一样,需求公平与社会福利息息相关。需求公平是指将公共产品分配给有合理需求的特定对象的标准是适当的、过程是公平的、效果是福利最大化的。因此,选择对象、确定标准和

第4章 城市公共住房政策供给效率与需求公平均衡分析 <<

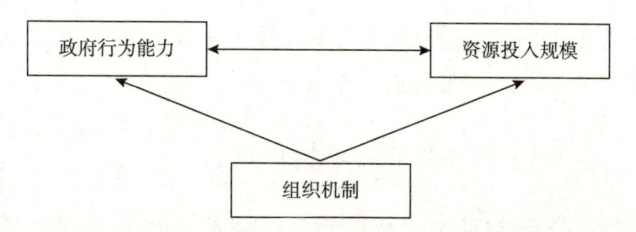

图4-1 影响公共政策供给效率各因素之间的关系

排列次序是确保需求公平的三大要素。

4.1.2.1 选择对象

选择对象就是要选择福利补偿对象，选择那些在市场运行过程中利益受损或利益无法得到确保的群体。这些被选择的群体自己没有能力购买某一方面的产品或服务。比如，基本医疗得不到保障的人群、孩子基本教育无力承担的家庭以及基本住房条件缺失的群体，等等。社会发展的结果不可能是绝对均等化的，因此，社会群体的利益差别是常态化的。而需求公平的意义就是要确保利益最差者得到基本保障，体现一个社会发展的公正性和人文关怀。

4.1.2.2 确定标准

在公共政策选择对象完成后，确定标准尤为重要。公共政策提供公共产品和公共服务，对这些产品和服务需要设置严格的标准，以既能确保所选择对象的基本需求得到保证，又不至于因标准过高过大而导致福利不当，增加了社会负担，减弱了社会经济活力，反过来恰恰会损害社会福利总和。一般而言，公共政策所确定的需求标准只能是基本标准，是确保利益最差群体有病看得起，孩子有学上，居住有保证，能确保卫生、健康的生活状态。

4.1.2.3 分配次序

分配次序的确定是为了确保公共产品的分配过程是公平的。一个社会的公平至关重要。首先是法律公平，确保在生存权、私有权、教育权、发展权以及相关的义务方面人人生而平等，法律公平充分与否，其基本标志是在多大的程度上体现人权而反对特权。其次是机会平等，每一个社会成员通过制度安排和个人偏好选择都能获得生存和发展的机会。为了确保公共政策的需求公平，在对象、标准确定后实施分配的过程中，在分配先后顺序、挑选优先次序上必须有公正和适当的制度安排。有了这种制度安排，公共政策才有可能获得最后的结果公平。

4.1.3 供给效率与需求公平的均衡

公共政策供给效率与需求公平之间的均衡是指在追求供给效率最优化、有效产出最大化的同时，要尽力确保供给对象在获得福利的过程中机会是均等的、成本是恰当的、效果是合理的。公共产品的特征决定了它的供需曲线是"虚拟"的，提供者（政府）和消费者（私人）之间不存在产品价格信息和稀缺性的信息传递过程（市场）。在公共产品面前，消费者的偏好，没有简单而有效的买与不买的选择。因此，公共政策供给效率与需求公平的均衡不是市场自发性均衡，而是政府干预性均衡。

4.1.3.1 供给效率与需求公平的内在统一性

社会发展的目标是让生活其中的每一个社会成员都能更好地生存和发展。只有确保供给效率和需求公平的内在统一和相对均衡，才有可能使公共政策发挥出最大效应。一方面，需求公平是供给效率合法持久的源泉，另一方面，供给效率是推动需求公平发展的动力。社会发展需要理性，需要效率与公平的统一和均衡。可以说，公平是价值理性，效率是工具理性。价值理性是指行为追求的目的具有绝对价值，要创造充分条件努力实现；工具理性符合社会成员的理性常态，即为功利目的所驱使而追求利益。只有让价值理性和工具理性有机地统一起来，供给效率与需求公平才能更好地统一起来。供给效率的提高不以牺牲需求公平为代价，而是更加有利于需求公平；需求公平程度的提高不会损害供给效率，而是为供给效率的提高创造更加有利的条件。

4.1.3.2 供给效率与需求公平均衡的合理区间

供给效率与需求公平的均衡是一个区间范围，在这一区间内，需求公平得到基本满足，而供给效率则保持在较高水平，即供给效率与需求公平在一定区间内有很多均衡组合。我们可以用图 4-2 的无差异曲线来描述这个均衡区间，在这条无差异曲线上有很多效用大致相等的供给效率与需求公平的均衡组合。产生供给效率与需求公平均衡区间的原因有两个方面：一是资源约束。相对于公共产品的需求，资源总是有约束的，资源投入总是有约束边界的。二是容忍的利益差别。由于社会成员个体先天禀赋和后天努力的差异，造成的利益差别是可以容忍的。在可容忍的边界内，供给效率与需求公平达成的均衡都是可以接受的。

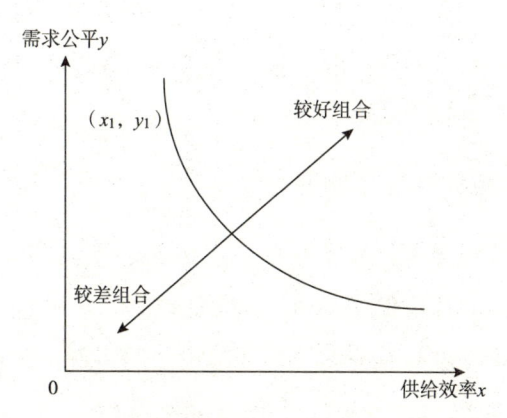

图4－2 供给效率与需求公平均衡的无差异曲线

4.1.3.3 供给效率与需求公平的优先原则

在公共政策领域，供给效率与需求公平谁应优先的原则也是一个十分重要的问题。由于公共政策是由政府主导服务于特定群体的社会政策，不同于市场竞争领域由价格规律支配效益分配，因而不能简单遵循"效率优先，兼顾公平"的原则。但是，为了更好地使公共政策发挥作用，有效解决社会问题，也不能一味坚持"公平优先，兼顾效率"的原则。总而言之，供给效率与需求公平二者不能偏废，必须兼顾，但在公共政策的不同发展阶段，二者应该有所侧重。即在所需公共产品普遍短缺时期，应该遵循"效率优先，兼顾公平"的原则，在公共产品部分短缺时期，应该坚持"公平优先，兼顾效率"的原则。但无论在哪个阶段，供给效率与需求公平之间应保持相对均衡，不能顾此失彼。

4.2 城市公共住房政策有关供给效率与需求公平均衡的指向关系

城市公共住房政策因住房问题而起，但要有效解决住房问题，实现公共住房政策效率与公平的均衡目标却是一项极为复杂的任务。住房问题背后涉及的因素很多，人口、就业、收入、土地供应、住房建设、财政安排、税收政策、金融制度，等等，不一而足。公共住房政策难以单独实施，还要涉及上述因素的相关配套政策共同发挥支持作用。因此，城市公共住房政策是一项涉及面广泛的社会公共政策，所指向的社会经济关系非常复杂，简单归纳有以下几个方面。

4.2.1 经济发展与住房民生

经济发展与住房民生在资源分配上是有矛盾的，随着经济发展应该逐步加大民生的投入；经济发展有利于民生的改善，民生改善所形成的稳定环境，有利于经济发展，二者是"对立统一"的关系，包含了发展和福利的排序问题。

（1）发展的排序问题

"学有所教、劳有所得、病有所医、老有所养、住有所居"，这大致概括了社会民生的基本问题，这些民生问题的解决无疑有赖于经济的发展，但经济发展又与这些民生问题的解决不是简单的正相关关系。经济发展要占用土地、能源、财政收入等经济社会资源，与民生问题的解决尤其是住房民生的改善在一定阶段形成了资源竞争的局面。这构成了经济发展与住房民生关系中的第一个层面的内容，可以归结为发展的排序问题。

（2）福利的排序问题

经济发展为提高社会福利创造基础和条件，但未必能够使社会福利最大化。微观经济学强调个别经济主体的福利最大化（表现为效用最大化或利润最大化），但是个别经济主体的福利最大化，未必是社会福利最大化。帕累托最优化正是研究在怎样一个点上个体经济主体福利的增加不会造成其他经济主体福利的减少，从而实现整个社会福利的最大化。

就住房福利而言，城市房地产业的发展，未必能够使城市居民的住房福利最大化。尽管房地产业的发展为城市经济的发展做出了贡献，并改善了城市基础设施和居住环境，但许多低收入家庭却没有因此而获得更多的住房福利，相反会被排除在市场供应之外。假如没有获得政府住房保障的有效支撑，其住房福利反而会随着城市房地产业的发展而受到损失。这构成了经济发展与住房民生关系中的第二个层面的内容,可以归结为福利的排序问题。

4.2.2 政府角色与市场推手

(1)公共住房政策的出现可以理解为政府对住房市场的一种干预。而政府与市场的关系,在社会经济的各个层面都有存在和表现,对此的争论也很多,其背景不外乎自由市场经济学说与国家干预理论之间的分歧。综观当今世界,政府置之度外完全放任住房市场的自由发展几乎没有,而随着中国、俄罗斯、东欧国家向市场经济转型,全靠政府包办完全排斥住房市场作用的,也少之又少。市场需要适度的管制,美国次贷危机的根源就是失管,具体有三点:对市场住房牟利的追逐,缺乏足够的公共监管和对自置住房的迷信(Marcuse P,2009)。

(2)公共住房政策不可或缺,其完善则离不开政府角色的定位和市场推手的作用。二者要发挥各自的作用,有边界也有合作。公共管理学对于住房产品性质的讨论为住房政策的完善提供了重要依据。住房虽然是具有排他性的产品,但是又具有一定的外部性,原则上可以由私人部门提供,但是由于其外部性,私人提供会导致供给不理想,尤其是对于公共住房更是如此。这种公共产品的性质来源于三个方面:第一个依据是分配问题,假定低收入人群买不起住房或尽管给予较大程度的收入支持,住房依然很差。第二个依据是社会必须确保建立和维持最低的住房消费。第三个依据是达到目标住房水平的成本较低的方法是直接的住房供给或进行价格补贴。

简单说来,政府是确保住房分配相对公平的不二选择,而市场是提高住房供给效率的不可替代者。因此,在住房问题上二者不可偏废。政府的作用是制定和完善公共住房政策,在城市规划和土地利用、住房标准制定上发挥其作用,市场则在具体住房建设、项目优化、居住管理方面发挥其作用。

4.2.3 制度安排与利益分配

(1)公共住房政策作为一种制度安排,也承载着调节不同社会阶层的住房利益分配的功能。在发达国家，城市化基本稳定，城市不动产价格已经不是要素的初始价格，不动产也因此没有像我国这样显著的财富分配功能。在这些国家，拥有还是租赁不动产，在财富分配方面的差异并不明显。但在发展中国家，特别是大量农村人口转化为城市人口的阶段，拥有还是租赁住宅，很大程度上决定了财富未来的分布。

发展中国家非常常见的现象是，不仅经济"失衡"，而且社会"失衡"，且往往后者比前者更难调控。贫富差距拉大，突出的社会问题表现为低收入阶层的看病难、就业难、住房难。根据劳动和社会保障部门的统计，中国城市最富10%的收入，占城市总财富的45%。而南美国家的发展表明，社会失衡过度，财富公平分配机制的缺失，迟早会产生足够大的阻力，使经济发展陷入长期停滞的泥沼。对于自由市场经济学说来讲，最优的制度安排就是社会财富（GDP）的最大化；而对于国家干预理论而言，最优的制度安排应当是所有居民的福利最大化。研究表明，过分推崇自由市场经济，只会将住房利益不断地从穷人转向富人。在这个过程中，低收入者获得的只是越来越小的能够支付得起的住房（Sherman J, 2010）。

（2）公共住房政策这种制度安排，着眼的是社会各阶层的整体利益的均衡。公共住房政策调节住房利益，由政府主导在土地安排、城市规划、保障性住房供应等方面直接向低收入阶层特别是贫困群体倾斜，确保特定社会阶层的住房福利，这对社会经济的可持续发展至关重要。可以说，这是对住房市场追逐利润趋向的一种矫正和平衡。随着经济的高速发展，财富分配的差异性越来越大，但需要避免的是，一部分人过着富足而奢侈的生活，而另一部分人住无所居或流离失所。

4.2.4 住房投资与住房消费

从公共住房政策角度出发，要处理好住房投资品属性和消费品属性的关系，强化住房作为基本需求品的使用功能，适当抑制住房作为投资品的资产功能。这也是改善我国目前不均衡问题的重要思路。

（1）住房消费与住房投资可以相互促进。公共住房政策指向的是住房基本消费问题，即让特定社会阶层住有所居。住房投资主要是住房市场发挥的功能。但住房消费与住房投资并不矛盾，在适当的管理和规范下，二者是可以相互促进，相互改善的。在个人和家庭经济能力提高的条件下，住房消费希望得到不断流动和改善，而只有存在灵活和充分的住房投资的前提下，住房消费的流动性才能得到解决和满足。某种意义上，这也是住房二、三级市场与一级市场相互关系的演化和发展。

在我国的住房实物分配时代，个人只有住房消费，没有住房投资，而且是福利意义上的消费，非经济意义上的消费。但当时住房消费的改善是缓慢而有限的，全靠政府计划范畴内的基建投资，所提供的住房消费品种非常单一，城市规划水平十分低下，居住环境简单而粗陋。随着市场经济的发展，住房市场开始发育而成长，消费者可以从一级、二级、三级不同层次市场上选择与自身消费能力相适应的住房，消费行为显然灵活而多样。

（2）公共住房政策可以有效抑制过度住房投资。在房地产市场发展迅猛，房价持续快速上涨的情况下，住房投资甚至住房投机会充分发展。许多人由此而主张抑制住房投资、加大政府调控力度，增大住房投资的摩擦系数，以图抑制房价的快速上涨。但往往事与愿违，住房投资停滞不前的时候，住房消费也很难会有好的变化和大的改善。住房市场是一个连续的市场，通过系统完善的公共住房政策，为中低收入家庭住房提供稳定、持续的获取渠道和政策支持，这对于以住宅市场为主体的房地产市场的健康发展，有效抑制过度住房投资具有重要意义。

4.3 城市公共住房政策供给效率和需求公平的影响因素与均衡分析

城市公共住房政策是公共政策的重要内容，但其本身又是一项具有复杂指向关系的社会公共政策，其供给效率与需求公平的影响因素与一般公共政策有相通之处，也有自身特点。关键是要为二者的内在统一和相对均衡建立有效的保障机制。

4.3.1 影响城市公共住房政策供给效率的因素

根据上文对公共政策供给效率的分析，可以发现，影响城市公共住房政策供给效率的主要因素有：中央及地方政府的作为、资金和土地的投入力度以及公共住房政策组织机制等。下文将结合国外公共住房政策实践的典型做法与我国实际差异的介绍，对上述影响因素进行阐述。

4.3.1.1 政府的作为

中央及地方政府的作为在保证公共住房政策供给效率中的作用是最为关键的。政府必须负责出台与公共住房政策有关的法案和实施办法，制订近期和远期的住房发展规划，并负责建立高效的运行机构。纵观世界各国，凡是公共住房政策比较成功的国家其政府作为都是非常到位的。他们在政府作为方面各有其特点。

（1）美国

美国联邦政府于1937年出台了首个住房法案，该法案开了联邦政府资助公共住房的先河。法案规定，联邦政府资助地方政府为低收入者建造合适标准的公共住房，居住者只需要向地方公共住房管理机构支付较低的房租。1949年的住房法案进一步扩充了原有计划，同时制订了城市更新改造计划。法案明确要建立80万套公共住房。约翰逊政府在1965年还制订过一个针对低收入阶层的小规模房租援助计划（Rent Supplement Program），允许公共住房管理部门出租存量私有住房，通过补贴使低收入居民能够入住。1974年联邦政府制定住房和社区发展法案（Housing and Community Development Act）。这个计划包含了三个独立的部分：新建住房部分、修复住房部分、存量住房部分（阿列克斯·施瓦兹，2008）。此外，美国政府还先后出台过《出租住宅法》、《房租管制法》、《住宅出租人非有正当理由不得收回房屋法》、《公寓转换管制法》、《租赁用住宅拒租禁止法》等法案，以确保其公共住房政策顺利实施，并行之有效。可以说，美国的公共住房法规是最完备的。

（2）英国

英国是世界上最早建立现代市场经济制度的国家，也是公共住房政策实行较早的国家。历届政府根据各个时期国家的经济实力，都致力于改进和完善住房制度，制定适宜的住房政策。"二战"后英国的公共住房政策大致经历了两个发展阶段：第一阶段是从"二战"以后到70年代末，政府对低收入者给予一定的住房补贴，对为低收入者建造住房的开发商也给予一定的生产者补贴。第二阶段，1979年保守党上台撒切尔夫人执政后修改了住房政策，鼓励公房承租者可以优先购买自己租住的房屋，并给予一定的政策优惠，公房出售以后，减轻了政府对公房修缮管理的负担，出售后的公房可以进入市场流通（邓宏乾，2000）。具体而言：一是充分发挥市场机制对资源配置的作用。针对租住户的不同承受力，对公共出租住宅采取不同的价格政策出售给原租住户，把提高住宅自有率作为重要的住房政策目标；二是实施减免税政策。英国政府为了鼓励居民购房，同时实施减免税政策；三是推行住房补贴政策。住房补贴分为租房补贴和买房补贴两大类，由地方政府自行组织和实施。同时，历届英国政府还制定了大量的法律、法规来规范公共住房的运作，以保障低收入阶层和特殊群体的住房需求。英国的公共住房政策不断调整创新，并注意发挥市场配置资源的作用。

（3）日本

日本1951年7月出台了《公共住房政策法案》，该法案是日本战后住房政策的三大支柱之一。其目标在于使人们的生活稳定下来，建造和分配低租金住房给低收入者以使他们过上健康而体面的生活。该法案明确了地方政府住房系统和中央政府补贴地方政府住房建筑费用。中央政府出台了三个五年建设计划，在1951~1966年之间实施。地方政府负责推进和落实这项计划。1961年，住房建设法案形成，要求中央政府和地方政府制订五年期住房建设计划，并明确在规划期内住房建设的具体目标。日本的公共住房政策的最大特点是，对贫穷而没有能力购买住房的低收入者，由接受国家补助的地方公共团体建造并提供低租金公营住宅。对大城市区域的中低收入阶层，由住宅都市整备公团提供租赁及出售两种形式的公团住宅。另外，还根据区域住宅情况，由地方住宅供给公社提供公社住宅。可以说，日本的公共住房政策是以直接提供和供给补贴相结合为特征的（芦金锋、王要武，2002）。

（4）韩国

韩国政府的住房政策的发展变化过程是按经济发展规划来实施的，共通过七次五年计划来逐步发展。可以说，在30多年的发展中，为解决住房短缺问题和促进房地产业的发展，韩国政府在整个住房政策体系中承担着多种角色。首先是企业家角色。1950年代韩国处于非常严重的缺房状态，到了1962年，作为经济开发五年计划的一部分住房，供给计划就开始了。为了公共利益与实际效益的结合，成立了住宅公社。到1994年住房公社共供给了89万套住房，占到了住房总建设的9.6%。住房公社建设的住房当中，有89%的住房是向低收入阶层供应，很好地解决了缺房户的住房困难问题。其次是住房福利的提供者。从福利的角度看住房问题的起点是1987年。当时由于住房价格与租赁价格急速上升，困难户大量增加，社会心理产生新的不平衡。因此，按照不同收入提供住房供给成为新的住房政策目标。最低收入阶层由住房公社与地方政府提供永久租赁住房。再次是制约者。韩国政府住房政策的基本特点是以供给为主，致力于建设小型套房，控制销售价格（金银姬，2006）。

相比之下，我国政府在公共住房政策方面的作为才刚刚起步，《住房保障法》还在研讨过程中，中央与地方政府各自的职责还不太明确，公共住房建设计划常常得不到落实。当然，这与我国公有住房制度延续多年、公共住房制度起步较晚有关。当务之急是尽快出台相关法案和具体办法，制订我国城市公共住房的发展规划和建设计划，同时，各级政府的相关职责，应由法律制度加以规范，而不是通过政治要求、政绩考核等途径来落实。具体来说，各级政府在公共住房供给方面的作为要由全社会来监督和参与。

4.3.1.2 资金与土地的投入力度

（1）资金投入

城市公共住房的建设离不开资金和土地的投入。资金投入问题，众所周知，西方发达国家住房保障方面的平均支出一般占GDP的2%以上，占财政支出的5%左右，而我国还不及其1/10的水平。从政策上来讲，我国的廉租房建设资金还算有保证。财政部颁布的《廉租住房保障资金管理办法》，明确廉租房建设资金来源于8种渠道（财政部，2007）：一是住房公积金增值收益扣掉贷款风险准备金和相关管理费用后的余额；二是土地出让净收益中以不低于10%的比例计提廉租住房建设的资金；三是市县财政预算中专项用于廉租住房建设的资金；四是省级财政预算中廉租住房专项建设补助资金；五是中央预算内投资中专项的补助资金；六是中央财政专项安排的廉租住房建设补助资金；七是公众捐赠的廉租住房建设资金；八是其他资金。但事实上，我国廉租房建设进展很不理想，主要原因就在于地方政府资金不到位。经济适用住房的建设资金也很难得到保证。1998年房改后，除了1998年与1999年经适房投资占住宅投资总额的比重呈上升外，2000~2007年这一比重一路下挫，其中2002年、2004年与2005年经适房建设投资更出现负增长。

（2）土地投入

随着房地产业在我国的迅猛发展，大量的土地投入到了商品住宅方面。《2009年中国土地出让金年终大盘点》（中国指数研究院，2010）反映，2009年中国土地出让金总额达到1.5万亿元之多。卖地事实上成了地方财政收入的主要来源。据国土资源部统计，2009年1~11月，我国保障性住房用地供应27.54万亩，仅完成年度计划供应量的46.66%。但形成鲜明对比的是，截至2009年底，全国各级储备中心已经储备土地达22万公顷之多，房地产开发企业累计已经获得了将近300万亩的土地。

其实，2007年国务院就曾出台《关于调整报国务院批准城市建设用地审批方式有关问题的通知》，称各市、县国土资源管理部门将优先安排廉租住房、经济适用住房和中低价位、中小套型普通商品住房建设用地，其年度供应总量不得低于住宅供应总量的70%。国土资源部2010年初发布《国土资源部关于改进报国务院批准城市建设用地申报与实施工作的通知》又提出，城市申报住宅用地时，经济适用房、廉租房、中小普通住房用地占比不得低于70%。造成保障性住房用地得不到落实的深层原因，还在于地方政府的政绩考核主要是看GDP和财政收入。地方政府收入增长手段有限，"一把手"任期也有限。保障性项目属于典型的"有投入无回报"项目，地方政府缺乏积极性。

因此，要进一步加强我国保障性住房用地的规范管理，贯彻公共住房倾斜政策。应当保证划拨方式供地以支持经济适用房、廉租房和棚户区改造中符合经济适用房、廉租房条件的用地需求。土地供应既成事实后，就不能够随意更改公共住房用地的性质。

4.3.1.3 公共住房政策组织机制

公共住房政策组织机制与政府作为、资源投入力度是分不开的，它的主要任务就是将机构运作、资金运行和项目实施组合起来,使之高效运转,快速产出。

新加坡和我国香港的公共住房政策组织机制是非常成功的案例。

(1) 新加坡

1960年新加坡政府成立了直属国家发展部的法定机构建屋发展局(HDB,以下简称建屋局)。在发展公共住宅方面,该部门既代表政府行使权力,负责制订住宅发展规划及房屋管理,同时又作为房屋开发商负责房屋建设的工程发展、房屋出售和出租。在经济上,建屋局实行独立核算、自主经营的政策。其职能也相对独立,在住宅建设计划拟订、工程设计施工以及住房的管理、出租、出售等方面均有自主权,无需上级批准。建屋局的设立从法律和职能上保证了公共住宅建设计划的有效实施。HDB从成立之日起就得到政府的支持和关心。政府一直在资金上给予支持,每年为其提供建屋发展贷款,利率水平低于市场水平(王秋石,1998)。对于建屋局的亏损国家每年给予补贴,从1996年到2000年,政府对建屋局的补贴平均每年在8亿新元以上。此外,建屋局还能够多渠道地以低于市场价的价格获得土地。

在资金运作方面,新加坡于1955年就建立了住房公积金制度。公积金制度的整体范围和利益涵盖退休、保健,拥有房地产、家庭保健和公积金储蓄增值,它是一项全面的社会保障储蓄计划,能够给公积金会员的老年提供基本生活需要。政府根据经济发展状况的不同,随时调整公积金的提取比例。1955年7月公积金局初建时,雇员、雇主均按雇员工资的5%缴纳公积金;1984年雇主和雇员各缴25%,这一缴纳比例为历年最高。2007年雇主公积金缴交率已经恢复到16%。新加坡政府于1986年提出了"中央公积金法"(修正案)。允许公民用公积金存款或现金支付20%的房款,其余则可以每月分期付款。现在新加坡人一般只需拿出不超过其月薪的30%来支付购房分期付款。公房的售价基本保持在大多数人能承受的范围内。另外,经常调整收入上限,这样大部分人都可以享受到公房待遇。随着生活水平的提高,有资格购买公房者的家庭总收入上限已从1960年的每月1000新元提高到目前的8000新元。再有,购房者偿还建屋局提供的抵押贷款的期限定为5~30年,且利息远比市场低得多(王秋石,1998)。

新加坡政府强迫老百姓将部分收入缴交公积金，这样形成了大规模的人均积累。在这种公积金储蓄制度下，政府可以利用这些资金发展公共住屋建设，并允许公积金会员在购屋时取出部分存款以现金支付或抵押支付房款，这又促使更多的款项转到政府手中，为政府建立了强大的资金储备机制。随着公积金制度的推行，中央公积金局所储蓄的资金越来越多。政府对公积金严格管理，中央公积金管理局隶属于人力资源部，由12名董事组成的董事委员会负责。中央公积金局对公积金的管理独立于新加坡政府的财政体系之外，独立核算、自负盈亏，使公积金成为独立稳定而信誉高的储金。

（2）香港

香港公屋制度被世界公认为有效保障居住的典范，从1977年"居者有其屋"计划出台，到20世纪90年代末出台的"可租可买选择计划"（田东海，1998）。截至2009年，香港实现接近50%的市民住在政府保障型住宅中，住房保障比例位居世界前列。香港房屋委员会是香港公共住房建设组织机制的中枢，主要职责是统筹所有政府公屋的建设、运营和管理，由政府主导，但由社会不同阶层人士组成，其中包括律师、建筑师以及商界人士等，拥有广泛的群众基础。香港房委会的使命十分明确，就是为低收入家庭提供合适而有能力承担的居所，其职责范围包括从建造、维护、资格审查到物业管理和社区卫生各个方面，相当于一个超级开发商，但它不仅不赚钱，而且还得接受社会监督，听取各方面民意作出改进。

香港房委会以民生为重、公开高效的运作模式令人称道。以公屋租金为例，2009年公屋租金平均约为估定市值租金的53%，对于有经济困难的公屋租户，通过房委会的援助计划可获减免部分租金；同时，由于香港地少人多，其公屋最低编配标准为每人5.5平方米，但低于此标准的租户可通过每年举行两至三次的"纾缓挤迫调迁计划"调迁至较大单位的住房，让租户拥有更舒适的居住环境。房委员工作目标明确且高效，所有轮候人士三年内务必入住到政府提供的公屋与居屋，因此到20世纪90年代末，香港大部分申请者已经解决了基本居住问题。可以说，房委会多年来以民生为导向、公开高效地推进公共住房建设，是香港住房保障得以稳步发展的基础（邱瑞贤、杜安娜，2010）。

>> 城市公共住房政策设计

总结以上国家和地区公共住房政策有关加强供给效率的有效经验，可以从政府作为、资金与土地投入力度和公共住房政策组织机制三个方面归纳（见表4-1）。

表4-1 国（境）外公共住房政策有关加强供给效率的有效经验

供给效率	主要做法
政府作为	出台住房法案、发展规划、建设计划；成立专门机构
资金与土地投入力度	实施住房补贴、支持建设资金等；保证土地供应
公共住房政策组织机制	公共住房的独立操作机制、强大的资金储备机制等

城市公共住房建设将是未来近20年内无法回避的重要课题，这要求必须高度重视公共住房的建设和政策发展。但毋庸讳言，当下的领导政绩考核和升迁制度，与这一重要任务是不相适应的。失去了这个源头动力，公共住房的建设组织机制难以有效形成，地方政府作为无法到位，资金和土地的投入无法保证，中央政府徒有宏大的决心和坚决的态度。因此，尽管公共住房建设应由政府牵头，但决策机构成员也不能全由官员组成，应吸收社会各界人士参加。

4.3.2 影响城市公共住房政策需求公平的因素

根据上文对一般公共政策需求公平影响因素的分析，城市公共住房政策的需求公平，是指将公共住房产品（包括实物和货币）分配给有合理需求的中低收入群体，其标准是适当的、过程是公平的，效果是社会住房福利最大化的。因此，选择合理对象、确定政策类型和制定政策标准是确保城市公共住房政策需求公平的三大要素。下面将结合我国的国情特点作具体分析。

4.3.2.1 关于合理选择对象

（1）我国城市住房问题的主要表现

根据住房和城乡建设部住房保障司《关于建立基本住房保障的初步研究》（侯淅珉，2009），截至2008年底，我国廉租住房制度和经济适用住房制度已帮助800多万户低收入家庭解决了住房困难，4000多万户家庭通过住房公积金制度提高了住房支付能力。总体上，目前存在的住房问题主要表现在三个方面：一是工业化初期建设的简易住宅仍然大量存在。截至 2008 年底，全国仍有超过 5 亿平方米的城市和工矿区集中成片棚户区，居住着约 1200 万户家庭，约占城镇家庭户数 6% 左右。此外，还有 500 多万户低收入家庭居住在零星分布的"筒子楼"等设施不全的房屋内，约占城镇家庭户数的 2.5%。二是中等偏下收入家庭住房负担较重。取得基本住房难度加大，多数新职工等部分缺房家庭不安情绪扩散，成为影响社会和谐稳定的重要因素。三是"城中村"仍然继续蔓延。农村进城务工人员大多是以租住"城中村"住房等方式解决住房需求。"城中村"环境脏乱差、犯罪率较高、社会管理薄弱。目前我国"城中村"居民 3000 多万户，约占城镇家庭户数的 15%。

按照存在住房困难人群收入及住房支付能力在当前及今后发展情况分类，我国各地当前面临住房问题的人群主要包括两大类：一类是短期无法解决住房困难但其住房支付能力在逐渐增长的群体；另一类是长期无法依靠自身能力解决住房困难的群体（王锋，2009）。

其一，短期无法解决住房困难但其住房支付能力在逐渐增长的群体，主要包括以下人群：①城镇新增就业的没有房产且不具备租赁市场商品房能力的家庭或个人。②城镇经济社会发展需要的特定产业人才。该部分人群有相当一部分是城镇产业发展和结构调整的必需人力资源（包括研发人员、技术人员、教师等）。③快速城镇化过程中的农民工群体。

其二，长期无法依靠自身能力解决住房困难的群体，主要包括以下人群：①城镇户籍人口中虽拥有自有房产但仍然没有足够的住房改善能力的低收入家庭。这部分人群各地均不同程度地存在，其面临的主要住房问题是住房质量的提升。②城镇户籍人口中没有房产且不具备租赁市场商品房能力的低收入家庭。该群体部分是由于早年没有享有福利分房，后因学历低、劳动技能差等因素收入较低且无法在市场中竞得更高收入的工作；实际上也就无力租赁市场商品房，而只能租赁城镇中条件较差住房。③城镇非户籍常住人口中没有房产且不具备租赁市场商品房能力的低收入家庭。

（2）我国公共住房基本保障对象的选择

按照以上我国住房困难群体基本情况及现有住房政策涉及的有关保障范畴，并结合我国公共住房基本保障对象选择应考虑的因素分析，我国公共住房基本保障对象应作如下选择：①以城镇长期无法依靠自身能力解决住房困难的户籍低收入群体为主体，将城镇户籍人口中没有房产且不具备租赁市场商品房能力的低收入家庭，以及虽拥有自有房产但没有足够的住房改善能力家庭作为基本住房保障应予以解决的首要目标。从财政实际承受能力考虑，我国基本住房保障对象以该部分住房困难群体为主体是较为适宜的。②适当考虑城镇常住人口中没有房产，暂时无购房能力且不具备租赁市场商品房能力的家庭和人群。该类群体包括：城镇户籍和非户籍常住人口中新增就业没有房产且不具备租赁市场商品房能力的大学毕业生群体；城镇经济社会发展需要的特定产业人才；以及城镇化过程中进入城镇务工的农民工群体。在部分大城市或特大城市中，该类人群因城市经济发展的需要，在高房价背景下，其本身面临的是短期或者部分的住房困难，需要当地政府优先给予公共住房政策扶持帮助其解决住房困难（钱瑛瑛，2003）。具体可以通过住房公积金支持、货币补贴、税费减免、贴息以及向其定向租售相应带有优惠性质的住房（如公共租赁住房），扩大保障范围，解决其短期面临的住房困难。

4.3.2.2 关于确定政策类型

（1）影响我国公共住房政策类型选择与实施的因素分析

我国现有公共住房政策类型主要为：实物配置和货币补贴并行、以实物为主。其中实物配置中又可分为租赁式保障和产权式保障，或称之为转移使用权的方式和转移所有权的方式。当前我国公共住房政策类型的选择与实施，应关注以下几个方面的因素：①城市住房市场发展状况对选择住房保障方式的影响。住房市场供求关系及房价的稳定，一定程度上会影响住房保障模式的选择。一般来看，在房价上涨较快地区，应加强保障性住房房源供应，主要通过实物配置解决住房困难。因为房价上涨过快会影响货币补贴标准的确定，造成地方财政预算安排的困难；而市场供求关系紧张期间，发放货币补贴也会在一定程度上加快房价的上涨，不利于市场的稳定。②城市化进程及城市住房资源的充足与否对选择住房保障方式的影响。当城市住房资源总体紧张期间，即使发放住房补贴，低收入家庭也无法解决住房困难。在当前中国城市化、工业化的快速进程中，相对较多的大城市因人口快速增加，造成一定程度的住房资源紧张，进而采取了加大实物供给，来解决低收入家庭住房困难。③地方政府住房保障的管控能力对住房保障实施的影响。住房保障工作的开展，除涉及资源供给能力外，住房保障工作的管理效率在一定程度上也会影响到何种方式的确定。

(2) 我国公共住房政策类型的选择

根据上述我国公共住房政策类型选择应考虑的影响因素，我国公共住房政策类型应作如下选择：①坚持以发展廉租住房制度为主。廉租住房保障制度是在我国长期住房制度改革实践中逐步形成和发展完善的制度，主要通过实物配置和租赁补贴相结合的方式解决双困家庭等城市低收入家庭住房困难。②改进经济适用住房制度。尽管社会各界对经济适用住房制度看法不一，但十多年来，经济适用住房制度根据住房市场化改革的实际不断完善，保障属性不断强化，对推动住房制度改革，解决居民家庭住房困难发挥了积极作用。继续实施经济适用房供应，有利于保持政策延续性和社会稳定，有利于加快解决低收入群众住房困难问题。③创新公共租赁住房及其他以限定的租金标准出租的租赁式保障性住房供应制度。从我国近几年实践看，廉租住房和经济适用住房保障制度的实施，对解决城镇低收入群体的住房困难起到了较大作用，但在很多大城市，由于房价的快速上涨，以及城市户籍制度等因素的制约，有相对较多的为城市经济社会发展所需要的中低收入群体（夹心阶层），既无租赁市场住房能力，也不符合廉租住房或购买经济适用住房条件，从而产生短期性或暂时性住房困难。从各地实践的内容看，发展公共租赁住房既包含政策体系创新，也包含投融资机制创新，并提供了现行住房保障政策的衔接机制。④完善住房货币补贴制度，提高困难群众支付能力。住房过滤理论证明：在住房存量资源丰富的条件下，对低收入阶层实行"人头补贴"要比"砖头补贴"更有效率，更能节约社会成本。

综上所述，我国公共住房政策类型，应充分考虑各地住房市场发展状况及政府财力和土地等可利用资源水平，以提高困难群众的住房支付能力为目标，构建租赁式保障性住房、产权式保障性住房和住房货币补贴并行发展的政策类型组合。

4.3.2.3 关于制定政策标准

根据前文所述，公共政策提供公共产品和公共服务必须设置严格的标准，以既能确保所选择对象的基本需求得到保证，又不至于因标准过高过大而导致福利不当。我国城市公共住房政策要坚持立足国情、满足基本居住需要的原则，从我国发展阶段和各地区实际出发，统筹考虑经济发展水平、社会资源状况、财政能力水平以及住房困难群体的消费能力等因素，确定合理的基本住房面积标准和货币补贴标准。

(1) 基本住房建设标准

基本住房建设标准是基本住房建设和发放租赁住房补贴的依据。从国外情况看，基本住房建设标准随经济发展、财政承受能力的提高而逐步提高。一般来说，基本住房建设标准以能够满足多种功能需要为准则，以符合卫生便利安全为基础，结合考虑家庭规模因素进行调整。应当包括：基础设施标准（厨房、卫生间、浴室、储藏空间、生活阳台及其面积标准等），基本分室需求（根据保障对象的人口数量、代际关系规定不同的居室数量，以及各居室的面积标准），基本装修标准（如基本电气配置和智能化要求）和基本质量标准（居住安全以及"四节一环保"要求）。

《国务院关于解决城市收入家庭住房困难的若干意见》（国发［2007］24号）规定，经济适用住房单套建筑面积控制在60平方米左右，廉租住房单套建筑面积控制在50平方米以内，总体上符合满足"基本居住需要"的要求。

(2) 货币补贴标准

货币补贴是城市公共住房政策不可或缺的内容，随着住房短缺相对缓和、住房改善有所进展，货币补贴将逐步上升为政策主要内容。这已经被西方国家公共住房政策发展历史所证明。从公平与效率均衡原则出发，从人多地少且发展不平衡的国情出发，我国的城市公共住房政策不能一味依赖实物提供，应该逐步加大货币补贴力度，包括对低收入者的租房补贴、购房补贴，以及税收减免、利息优惠，等等。当然，货币补贴不可能有统一标准，只能根据各地城市经济发展水平、财政收支情况、房地产价格水平、住房发展状况等因素具体制定。

4.3.3 城市公共住房政策供给效率与需求公平的均衡

我国的公共住房政策实践，无论是效率还是公平两个方面都存在比较

第4章 城市公共住房政策供给效率与需求公平均衡分析

多的问题。在供给效率方面，住房制度改革之初，住房商品化的政策思路基本上是三条线：高收入者购买商品房，中等收入者购买有政策补贴的经济适用房，低收入的住房困难户租住政府建设的廉租房。现实的主要问题是，各类公共住房供给量都有限，于是，后两部分人群也不得不面对住房市场。在需求公平方面，经济适用住房的问题不断出现。在分配摇号方面不断出现连号现象；在改变用途方面从经济适用房违规出租到违规建别墅，以及出现建设超面积超标准的豪华经济适用住房、经济适用房改按商品住房价格出售，等等（冯长春，1999），说明我国的经济适用住房政策需求公平明显不足。这些经济适用住房政策实施过程中所发生的种种乱象，一方面与我国原有公有住房制度惯性有关，另一方面与出现问题后的惩处力度不足有着直接的关系。相比之下，廉租房由于产权归属政府，相对更容易得到监管，也更容易惩处违法行为，可以说需求公平性较好。因此，可租住房政策应成为现阶段保障性住房的主流政策。

根据经济学理论研究和国内外实践经验，一般而言，实物供给在资源输送上更集中也更富有效率，货币补贴则按照一定标准分散输送资源相对容易做到公平。据此，可将我国城市公共住房各种政策类型的供给效率与需求公平作一比较，如图4-3所示。从可售实物、可租实物、住房公积金到货币补贴，供给效率不断降低，需求公平不断提升。从可售实物与可租实物的比较中，可以解释廉租住房比经济适用住房更显公平，供给效率也还可以，可作为当前我国公共住房政策的主要内容。从货币补贴与住房公积金的比较来看，因为货币补贴是针对低收入群体的，住房公积金相对是普惠的，所以货币补贴更加符合需求公平原则，而住房公积金积聚更多的资金，无论是用于贷款还是建设保障性住房，供给效率相对较高。

当然，如果市场上有足够的住房供给，货币补贴的供给效率也许会有所提高；如果可售实物足够多，其需求公平性也可以有所保证。因此，任何政策类型的需求公平与供给效率评价，都是一定供求关系下的评价，不是绝对的。此外，不同政策类型还有其他的负面作用。如货币补贴，在市场上住房供给短缺的情况下，补贴会导致房价上升，政府补贴能力的不可持续，也带来了不公平问题，如长沙的实践。

从住房发展阶段来看，由于目前我国城市公共住房相对短缺，还要在

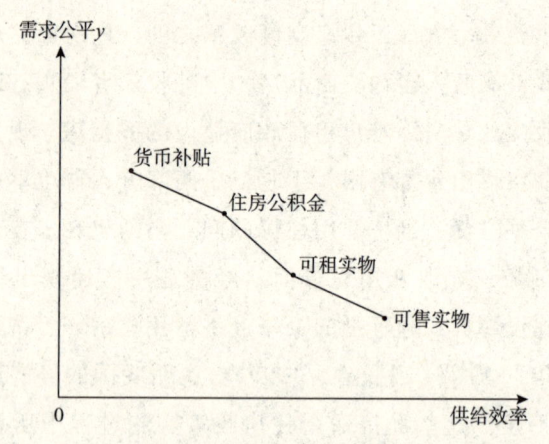

图4-3 公共住房政策供给效率与需求公平比较示意

一定时期内发挥可售实物的供给效率作用，但从供给效率与需求公平的均衡性出发，应该更多地发挥均衡性更好的可租实物（廉租住房和公共租赁住房）和住房公积金的作用，而货币补贴是住房发展到短缺缓和阶段的主力，目前可以更多地在解决"夹心层"住房方面发挥作用。但从长远来看，我国的公共住房制度要着力推进两个转变：一是由"以售为主"向"以租为主"方式转变；二是由"实物保障"向"实物保障与货币补贴并重"转变。

4.4 小结

本章从一般公共政策供给效率与需求公平的均衡分析入手，通过理论和实践两个方面，围绕城市公共住房政策的供给效率与需求公平关系问题展开分析，在上一章城市公共住房政策供需均衡分析的技术层面基础上，拓展了城市公共住房政策所包含的效率与公平的价值层面的意义。

首先，分析了影响一般公共政策供给效率的因素：政府行为能力、资源投入规模、组织机制，以及影响一般公共政策需求公平的要素：选择对象、确定标准和分配次序，并阐述了公共政策供给效率与需求公平均衡的内在统一性、均衡合理区间和二者在不同住房发展阶段的优先原则。

其次，从经济发展与住房民生、政府角色与市场推手、制度安排与利益分配以及住房投资与住房消费四个方面论述了城市公共住房政策所指向和牵涉的有关供给效率与需求公平均衡的各种关系。

最后,结合国内外住房政策的实践和实际情况,在对影响城市公共住房政策供给效率与需求公平的各种因素详细分析的基础上,讨论了从可售实物、可租实物、住房公积金到货币补贴,其供给效率不断降低,需求公平不断提升的情况,提出从供给效率与需求公平的均衡性出发,目前我国城市公共住房政策应该更多地发挥均衡性更好的可租实物和住房公积金的作用。

第 5 章 城市公共住房政策的价值原则和对象选择

构建规范的公共政策体系，提供社会福利品给合适的社会群体，首先要考量的是所提供的社会福利品总量和需要福利品的人数之间存在供需是否均衡的问题。这个问题显然与社会福利品分配的价值原则和对象选择分不开，是普惠式福利还是特定对象的福利，其供需均衡的条件明显不同。本章将主要从公共住房政策的价值原则和对象选择入手，从社会政策的要素分析视角分析城市公共住房政策体系构建问题。

5.1 基于均衡性的公共住房政策的价值原则

5.1.1 社会政策普遍的价值原则

价值原则涉及政策能够达到何种程度的分配公义，属于政策的主要目标问题。在普遍的价值观层次上，存在着三个核心的原则，即平等（equality）、公平（equity）和充足（adequacy），但这些核心价值原则并不总是能相互协调和兼容的。

平等是分配公义的首要基石，是指个体收入、占有生产资料等经济要素的分配均等化。从亚里士多德时期起，学者们就已经区别了两个重要的平等概念：绝对的数量平等和相对的比例平等，其分别代表了分配公义中的平等主义和绩效主义的不同思路。数量平等是指用均等方式对待每一个人，即所有人平均分配；比例平等是以均等方式对待同一类人，即根据个人的特点和价值进行分配。由此，后者更应该被视为公平的价值原则。具体而言，这个价值认为收益分配应达到资源和机会二者的平等分配。例如，美国的平等房屋法规定不论人们的种族和民族特征的差异性，都需要平等地对待他们的住房问题。

公平是指公正对待的传统观念。公正对待的思路是比例平等，如果你做了一天的工作，你就得到一天的报酬，人们的应得性应基于其对社会的付出和贡献。仅需对那些不是因为自己的原因而没有能力作贡献的人的特殊考量安排，相应的，一些"公平的补偿带来的不平等"是得到承认的，如为退伍军人提供的优待政策。对公平的关注一直是社会福利政策的关键所在，追求公平是使社会总体需求和分配的数量合适，一方面要计算转移的全部内容和分配的方式，另一方面要测量转移所面对的需求和问题及其如何有助于解决它们。公平要求要超越传统的开支观念，将直接支出和间接支出都计算在内。在社会福利的公平价值原则上一直存在着两大分歧：即选择性福利和普遍性福利。选择性福利指根据个人需求来决定，如公共救助和公共住房，有需求的家庭和个人被优先给予救助，其基本思路是：适宜的社会政策，特别是在社会资源紧张的时期，必须是有限的社会政策，纳税人应该把援助集中在有合理理由无法养活自己的边缘人口。只为穷人提供福利的做法比为人人分配福利的做法应该更有效，可以明显减少社会经济不平等现象。普遍性福利是指人人都可以享有的基本权利，如公共教育和老年人的社会保障。

充足指的是愿意提供合适标准的物质和精神福祉，无论福利是平等分配的还是根据绩效差别分配的。充足的标准会根据时间和环境的变化而调整，例如住房标准，它的存在还反映在补助水平并非随意制定，而是基于政府对基本需求花费的考量和测定。

上述是从单个人的角度进行的分析，但是社会政策中的个人权利和公共利益的和谐是所有人类社会都要面临并予以解决的问题。这其中涉及成本效益和社会效益的问题。应用于社会分配的基础时，要测评将资源分配给最需要的人的程度。显然，与社会不同发展阶段相联系的供需均衡性是社会价值原则必须考量的因素。

总体而言，作为利益分配机制，社会政策更多关注公平，而不是充足和平等。

5.1.2 我国公共住房政策的价值原则

5.1.2.1 我国公共住房政策的价值原则发展轨迹

（1）计划包办的全民福利住房时期的保障原则（1959~1978年）

从1953年起，我国城市建设根据国家大规模的工业化建设的需求，有步骤地进行新建或改建。1956年《关于目前城市私有房产基本情况及进行社会主义改造的意见》规定，由国家支付私房所有者一定数量的租金，改造房屋私有制度；由国家将私人企业已经占用的土地赎买变回国有，确立以公有制为主体的城市土地制度，这样，城市房产的公有制度就从根本上得到了确立。

对城镇住房我国长期实行的是"低租金制"，政府制定"以租养房"的方针，全国房租一致化，近乎于无偿居住，主要着眼于解决职工住房困难，实行的是一种福利普遍化的住房保障制度。由于收取的租金极其有限，国家每年还要拿出大量的财政性资金，用于补贴住房维修和管理方面的开支。从1955年起，国家干部生活供给制改为薪金制后，机关干部所住的公房也开始实行低租金制。到20世纪70年代末，我国城市的房租水平相当低，而且全国各城市租金标准非常混乱。

这一时期，我国的公共住房政策明显具有计划经济包办福利的色彩，生产、流通、分配、消费各个环节都控制于政府的计划调节。住房分配主要依据工龄长短、家庭人口规模等，这种福利分配原则基于平等主义，很大程度上背离了按劳分配、多劳多得、少劳少得的公平原则。而且又因为单位包揽住房问题的历史因素以及计划经济体制所造成的惯性问题形成了不同单位、城市、地区之间的住房水平较大的差异。直接产生了水平意义上的不公平，明显的现象是中央所属单位的职工住房要高于其他单位的水平，东部城市职工住房要高于中西部的水平。更加值得关注的是，从这一时期开始，我国确定了按职级划分的住房标准，固化了等级差异观念，造成了很大的分配上的不公平，这一原则一直影响深远。

在此原则指导下的住房保障，无法实现公平地分配住房福利的目标。而且，由于国家统收统支，支出巨大，效率极其低下。

第5章 城市公共住房政策的价值原则和对象选择

(2) 住房市场化改革中的住房保障的价值原则 (1978~1998年)

随着经济体制改革的深化和国民经济的快速增长，市场化解决住房问题成为大势所趋。20世纪80年代初，邓小平首先提出了相对完整的公有住房改革的构想和思路，明确了有关住房问题、建设城市住宅和分配职工住房等一整套政策。公有住房包括老房子和新房子都可以按一定价格出售给个人。购买房屋可以实行一次性付款或者允许进行分期付款。住房出售给个人以后，房租也要进行适当调整。房租的调整要和房价相联系，所以要认真研究如何分步提高房屋租金。提高房屋租金以后，要给予低工资水平的职工一定的补贴。实际上，邓小平明确对低工资职工给予住房补贴的思想是社会保障在住房方面的重要体现（刘志峰，2008）。1980年6月国务院批转了《全国基本建设工作会议汇报提纲》，相当于宣告了中国要开始实施住房商品化制度。1984年，在提高住房租金，增加职工工资，住房实物分配制度变为货币分配，加大公有住房出售力度的住房制度改革思路和政策引导下，经过比较充分的理论准备和实践探索，我国城镇住房制度改革实现了由二次分配改为一次分配、由实物分配到货币分配的转变。

由于市场化改革使得传统社会保障制度丧失了计划经济原有的基础，十四届三中全会提出应该建立新型社会保障体系，其主要内容包括社会保险、社会福利、社会救济以及社会互助、优抚安置、个人储蓄积累等保障。这一新型社会保障体系首次将住房福利纳入社会福利范畴，并提出将住房公积金作为社会保障体系的构成部分。1995年2月6日，《国家安居工程方案》首次明确了住房保障方面的问题，提出要加快解决中低收入家庭的住房困难问题，建立符合社会保障制度的住房供应新体制。

这一时期，针对原有的"低租金、高补贴"的福利性住房制度的改革，围绕提租与补贴政策环节进行。一是合理调整公房租金；二是理顺住房资金渠道，建立住房基金，将住房补贴与工资挂起钩来，住房补贴显示提租后所加大的职工支付压力与工资水平以及支付能力的关联；三是积极组织出售公有住房。安居房兼具福利性与商品性的特点，主要目的是以示范效应推动房改、加快建立新的城镇住房制度。

到20世纪90年代中期，我国城镇住房改革取得了实质性进展，实现了由完全福利性向部分福利性转变，在大部分住房问题由市场解决的前提下，国家通过"安居工程"实施了一整套公共住房政策，获得了积极的示范效应和社会意义，为逐步建立新型的城镇住房保障制度打下了坚实的基础。但是，在市场化的转型时期，政府在提供公共住房福利方面的责任在改革过程中被逐渐弱化，从改革前的政府承担全部责任转变到主要依靠个人通过市场满足，又导致了过分依赖市场。这为后来出现的一系列住房问题，尤其是突出的中低收入群体住房问题埋下了伏笔。

(3) 不断完善的公共住房保障体系的价值原则（1998年至今）

当住房制度改革得到不断深化后，对收入不同的家庭实施差异化的住房供应政策，成为这一时期解决中低收入家庭住房问题的重要内容。国家明确了要以收入水平为基础分类解决住房问题，保障性住房则是解决中低收入者住房困难家庭的居住问题的主要途径。目前我国的保障性住房在不同城市表现形态不一，如上海的中低价商品房、配套商品房，北京的经济适用房、廉租房和限价房、深圳的安居房等。

从1998年开始，我国城市公共住房政策开始逐步走向选择性福利发展阶段，政府主要为符合条件的中低收入群体和特殊群体提供公共住房政策服务，其所依据的价值原则逐步地开始清晰化。市场化改革之后的公共住房政策价值原则的主要内容，包括以下几个方面。

一是属于基本人权方面的原则，把居住权利看做"天赋人权"的重要内容予以保障。

二是公平原则。在市场化前提下，由于发展机会不平等导致不同人群之间收入分配不平衡，有的在市场经济发展过程中非但没有致富反而进入低收入阶层群体，政府有责任和义务帮助他们安居乐业，并且这种政策能够从整体上扩大一国的福利水平。遵循最劣者受益最大原则，为中低收入群体提供住房保障。

三是社会稳定原则。将住房保障视为能够促进社会稳定的功能之一，解决中低收入住房困难群体的住房需求，防止社会两极分化。

四是弥补市场失灵的原则。我国目前实行的三种主要的公共住房政策，廉租住房政策是解决低收入家庭住房困难的主要途径，属于独立于市场机制之外的特殊性保障；经济适用房虽由政府提供给低收入家庭，但需求实现仍以购房者可支付能力、有偿出售为基础，是一种政府与市场混合的保障机制；而住房公积金制度是一种覆盖全体城镇在职职工的住房强制储蓄与融资机制，是一种普遍性的住房保障。

5.1.2.2 解决当前问题的主要原则

公共住房政策体系的构建是一项政策性和社会性强、涉及面广的系统工程，在我国当前情况下要从政策均衡性出发，在具体实施过程中需要将以下几个原则结合起来考虑。

（1）公平原则与划分层次原则

公平是基本原则，即绝大多数人应通过劳动报酬解决住房问题，公共住房政策只负责通过二次分配的办法解决贫困家庭的基本居住需求，贯彻最穷者受益最多的原则，以在住房消费领域体现适度公平。

水平公平很难界定，对于住房来说，可能指的是最低标准，或者是指成本均等、补贴均等，或者是最终结果的均等。基于目前各国的情况，水平公平主要是从机会均等和最低标准方面加以界定的，指同等经济条件的居民，获得住房福利的机会应该相等，起码能够获得某一最低标准的住房。

垂直公平是指在经济状况有差别的居民中，更多的社会救济应该由更多的贫困人群得到，但凡事有度，得到社会救济后的居民，其福利水平不应该高于上一层次的那些居民。简单地说，就是以中低收入群体"能够承受的价格"来提供补助，可以通过增加收入和降低价格的方式来达到。而且标准应该有所差别，这就涉及划分层次原则。

因此，公平原则，①要保证补贴后的各收入阶层的住房水平与上一收入阶层的住房水平有适度差距，有助于维持工作动机。②要保证最低收入阶层内的住房水平适度接近，将家庭结构和收入水平都考虑在内。③要保证政策实施中的需求公平得到体现。

（2）满足基本需要原则

满足基本需要是"充足"原则的基本体现，充足指的是愿意提供合适标准的物质和精神福祉，充足的标准会根据时间和环境的变化而调整。充足有两层递进的含义：勉强维持生存需要；完全充足。在针对住房这一类的社会福利政策中，通常讲的是第一层含义，即勉强维持生存需要。

对于住房来说，充足还是一个与社会心理相关的概念，涉及自尊、满足感等内容。例如尽管一个人生活在最低生活标准之下，但是如果他能够感受到社区环境的良好和社区居民的相互尊重，就不会有特别贫困的感觉。这也是美国很多学者反对由于公共住房项目导致贫困居民大量集中的缘由，他们因此倡导多种收入群体混住来改善社区整体质量。

(3) 财政适度原则

必须确立财政适度的原则。从国外公共住房政策经验来看，住房保障办法和措施应该根据不同发展阶段加以调整，在全社会的住房供应体系中不同类型的住房比例要合理地调整变化。联系我国的实际财政状况和各级政府的经济承受能力，政府承担的住房保障范围和责任相对是有一定限度的。换句话说，住房保障政策的力度要保持与经济的发展水平以及社会生活水平相一致，保障方式和范围也应当伴随社会经济环境的动态变迁变化及时进行调整。坚持财政适度原则，也是为了确保供给效率与需求公平之间的均衡。因为住房保障既要考虑供给能力和水平，也要考虑需求对象的结构公平。

实施城镇住房保障体系，在解决中低收入家庭的基本住房困难的基础上，也要确保高收入家庭的福利不会受到损失，并且要尽量保证住房市场能够提升其发展效率。这意味着，公共住房政策的价值原则的确立，既要合理地解决住房问题，又要体现政策设计和政策效果的均衡性，即住房保障决不应以损害工作动机和市场效率为代价。

5.2 基于均衡性的公共住房政策分配对象的选择

5.2.1 世界各国公共住房政策分配对象的发展趋势

5.2.1.1 从分配基础来看可以分为制度化分配和补充性分配两种类型

社会政策中决定谁将从中受益的准则是基于许多不同的标准之上的，这些标准可以统称为社会分配的基础。明确资格意味着选择性的福利权利，要根据个人实际需求来决定，确有需求的家庭或个人应该优先给予救助。这一方面可以减少政府的总体支出，另一方面可以提高政策的有效性，让资源尽可能使用在最急需的人和家庭身上。这也是为了确保公共住房政策的均衡性。

第5章 城市公共住房政策的价值原则和对象选择

虽然大多数国家的公共住房政策作用对象不尽相同，但各个国家都主要是以中低收入群体尤其是低收入群体和某些特殊群体为对象。例如，加拿大安大略省东部的公共住房收集的数据表明，分居和离婚的妇女更倾向于居住公共住房（Dekeseredy W S, 2008）。

从分配基础来看，可以将新加坡归类为制度化分配类型的代表，可以将美国、日本归类为补充性分配类型的代表。下面主要对他们的公共住房政策分配对象的构成及近年来的发展趋势进行概括。

新加坡通过"居者有其屋"计划为其组屋建设建立了基本框架制度，组屋申请的有关标准是其重要内容之一，其中有四个要素决定申请资格：公民权、无私有房产、家庭构成和收入水平。由于组屋建设的目的是为最需要住房的居民提供住房，当然获得了私有房产者是不能申购政府提供的组屋的，那些期望通过放弃已有的私有房产后再试图申购组屋的人，也规定要在具备申请资格等待30个月之久后方可申购。新加坡居民申请购买组屋时，其家庭收入是不能高于收入限额标准的，但是随着新加坡住房问题的不断解决，其收入限额标准也多次进行了调整，导致目前80%多的人口都居住在组屋中。新加坡的组屋政策把家庭放在重要地位，鼓励青年人与家人共同居住。同时对老年人和孤儿以及40岁以上的女性和50岁以上的男性单身者，鼓励两人以上共同申请使用同一套住房。

日本的公共住房主要是为中低收入群体提供的（见表5-1），公共住房入住资格有：收入低；居住条件困难；对50岁以上的家庭、有残疾的家庭、曾遭受原子弹之害家庭的家庭收入标准放宽；对母子或父子家庭、老年人家庭和残疾人家庭予以优先照顾。

表5-1 日本公共住房政策的分配对象及标准

家庭人数	条件要求	标准
1	居住3年以上的50岁以上者、身体残疾者、战争伤病者、遭受过原子弹之害者、接受生活保护者、海外回国居住超过5年者；一年收入在321.6万日元以下者；条件艰苦者	补偿+诊断性划分+收入审查+需求标准
2	2人家庭只有1人工作，且一年工资收入在415万日元以下，或一年非工资的其他收入在278万日元以下	收入审查
3	3人家庭工资收入在462万日元以下，或者其他收入在316万日元以下	收入审查

续表

家庭人数	条件要求	标准
4	4 人家庭工资收入在 510 万日元以下，或者其他收入在 354 万日元以下	收入审查
5	5 人家庭工资收入在 557 万日元以下，或者其他收入在 392 万日元以下	收入审查
6	6 人家庭工资收入在 605 万日元以下，或者其他收入在 430 万日元以下	收入审查

资料来源：根据日本财务省公布的资料整理。

5.2.1.2 在确定公共住房分配基础时需要解决的两个问题

从发展趋势来看，在确定公共住房的分配基础时有几个值得注意的问题，其中有的也正是社会福利政策一直试图解决的问题。

第一个问题是，由于获得住房补贴的人群毕竟是少数，那些实际收入稍微超过了获得住房补贴者的家庭需要在市场上购买或者租赁住房，这对他们是比较困难的，也是不够公平的。

第二个问题是，当住在公共住房的居民收入水平提高的时候，他们就不具备继续住在公共房屋的资格，政府就应该让他们迁出公共住房，而一旦他们从公共住房迁出来，因为市场中的住房价格很高，他们的经济景况反而会有所降低。因此，公共住房本身会降低人们改善经济状况的积极性。比如，公共住房的居民领取房屋券后迁出公共住房，迁往私人住房市场，只有一小部分能够适得其所（Oakley D, 2009）。

针对这两个问题，国外的学者在社会福利和社会保障各领域进行了大量的实证研究，不同的研究结果相当一致：高福利给付阻碍了工作积极性。美国学者 Aaron H. J（1984）所做的控制实验表明，领取了收入补助的家庭一年的工作小时数明显减少了。目前我国同类的研究还比较缺乏，也没有相关数据可以验证。但是，很多家庭，尤其是享受到廉租房的家庭，同时享受社会低保，不再工作的情况并不鲜见。针对这一类问题，很多国家采取强制工作计划来减少福利对工作动机的消极影响。这实际上涉及了社会经济发展过程中效率与平等的均衡问题。

5.2.1.3 当前公共住房问题主要集中在特大城市中的低收入家庭

当前公共住房问题集中体现在城市中，尤其是特大城市中。以伦敦为例，伦敦市居民的平均住房状况远远劣于英国其他中小城市。巨大的需求和市场交易推动房价不断高涨，使得普通居民只能居住比其他城市居民较差的住房。特大城市（superstar city）的住房保障成为一个近年来最常出现的词。当前伦敦公共住房政策的重点是外来务工暂住人口和无家可归者，无家可归者被分为 6 种类别，政府分别向其提供临时安置住所和低租金出租房。鉴于需求量增大，近年伦敦市公共住房的数量又开始增加，计划达到新建住宅的 50%，用 10 年左右的时间解决无家可归者的居住问题。纽约住房保障的重点是新移民中的低收入群体，东京主要解决收入介于高收入和最低收入群体之间所谓"夹心层"群体和老龄人住房。英国住房供给由中央政府、市、区和私人四个层次共同参与，各级政府将城市无家可归者和外来务工暂住人口的住房问题作为保障的重点，通过提供低成本（包括租金低和交通等成本低）租赁房的形式解决外来务工人口的居住问题（邓宏乾，2000）。公共房屋管理部门为中低收入家庭提供一定数量的可支付产权房和可支付租赁房。这是政府政策强制要求建设，必须在一般住宅建设项目中占到一定比例。保障规模上，中小城镇为 10%，大城市伦敦占到 50% 以上。政策对面积加以限制：由于特大城市空间限制，公共住房就是满足基本需求，因此面积限制非常严格。例如日本提供给低收入家庭的住宅平均使用面积是 40～50 平方米；伦敦两居及两居以下房屋占 64.2%。

5.2.2　我国城市公共住房政策的分配基础分析

我国的公共住房政策分配对象的标准构成一般包括：当地户籍、收入及资产资格审查、住房困难程度三项主要内容，主要体现了收入审查标准。当然，我国也有补偿性标准的应用，例如针对转业军人和公务员的住房安置。

5.2.2.1　廉租住房分配对象

2007 年 9 月通过的《廉租住房保障办法》规定，廉租房申请要符合收入和住房都面临困难的"双困"标准，根据相应的申请顺序轮候。其中，申请租赁住房货币补贴的优先安排发放补贴，实物配租则首先倾斜三类已经登记为廉租住房保障对象者：一是孤、老、病、残等困难家庭；二是居民最低生活保障范围的家庭；三是其他急需救助的城市居民。

从实践效果出发，各级政府在廉租房保障体系建设过程中，普遍存在的问题是对廉租住房保障的准入标准的界定感到非常棘手。从理论上说住房保障的对象是无力进入市场购房或租房的最低收入家庭。但如何界定最低收入家庭，目前还缺乏一个行之有效的认定标准（武文静，2007）。合理明确地划定廉租住房保障范围非常重要，这里客观上有两方面标准划定的问题，包括住房保障家庭收入线的划定和住房保障面积的划定。相比个人而言，以居民家庭为保障对象范围更为合理，这里包含了两个方面的含义：一是居民家庭无力租住市场上的住房；二是居民家庭不拥有私有住房或拥有私有住房但条件低于其最基本生活需求。《廉租住房保障办法》中规定由当地各城市和县人民政府规定，目前各省的人均住房面积标准从4平方米到12平方米不等，且这一标准与城市及所在地区特征相关性不够明显；收入标准大多数以低保家庭收入线为主，有些城市已上浮到最低工资水平以下的群体。

从学术界的讨论来看，基本思路围绕对上述两条标准的确定而展开。例如余凌志（2007）在其博士论文中对城镇低收入住房支付能力相关的基本生活水平标准和基本居住水平标准进行了讨论并进行了影响因素分析，包晓玲（2008）、褚超孚（2007）进行了收入线的划分研究等。但是，这些研究都没有提出一个具体的划分标准。根据前面的分析我们知道，就我国目前来说，在对符合民政部最低生活保障条件的无房和住房困难家庭我国尚未实现应保尽保的情况下，提出过高的标准并不现实。同时，也导致了"缺口"（主要是因为收入审查的"救助"和"不救助"的对立产生的）的出现和"夹心层"的大量存在。

5.2.2.2 经济适用住房分配对象

2007年9月通过的《经济适用住房管理办法》规定，经济适用住房的申请标准主要包括：当地户籍、低收入家庭收入标准、无房或现住房面积低于市、县人民政府规定的住房困难标准。对于享受购买或承租经济适用房的条件及面积标准，由各级地方政府根据本地居民家庭可支配收入、住房状况与家庭人口结构以及市场住房价格水平等因素确定。我国不同城市所制定的标准还是有较大差异的，例如北京市规定是人均住房面积小于10平方米，河北省规定人均住房建筑面积在20平方米以下，重庆市规定人均住房建筑面积未达到本市人均住房建筑面积60%的家庭。

5.2.2.3 公共租赁住房分配对象

住房和城乡建设部等七部门颁布的《关于加快公共租赁住房的指导意见》明确规定，公共租赁住房的分配对象主要是城市中等偏下收入条件的住房困难家庭。有条件的地区可以将新就业职工和有稳定职业并在城市居住一定年限的外来务工人员纳入供应范围。已享受廉租住房实物配租和经济适用住房政策的家庭不得承租公共租赁住房。

从上述关于公共租赁住房的分配对象规定来看，是要解决那些无力购买商品住房，也无资格享受廉租住房和经济适用住房的住房困难家庭的住房问题。

总之，有了公共租赁住房的制度安排，我国的公共住房政策在分配对象的确定上基本算是连续的，在政策上有可能解决"夹心层"的住房问题。当然在实践中还会导致遗漏非户籍流动人口，因为非户籍流动人口在许多城市的公共住房分配对象中没有得到明确安排。非户籍流动人口源于我国户籍制度，在城市中大量流动且常住城市的农业人口无法享受到公共住房政策的优惠。目前我国公共住房政策既非普适性的，也非完全与收入相关的，而与人的身份与职业/单位有明显相关性，具有国情特色的社会排他特征。有学者提出，我国的公共住房政策具有鲜明的"新自由主义"（neo-liberalism）[①]色彩。而且从其覆盖面和实际效果来看，甚至比福利保障色彩最少的"新自由主义"还要糟糕（朱亚鹏，2007）。

5.3 小结

本章主要从公共住房政策的价值原则和对象选择入手，从社会政策的要素分析视角分析城市公共住房政策体系。而价值原则的确立与分配对象的确定是公共住房政策体系的基石，既要取决于社会经济发展的水平，又要将政策均衡性贯穿其中。针对我国公共住房政策当前存在的问题，提出

---

① 新自由主义的基本特征是崇尚理性市场、倡导个人主义，提倡自由放任的市场经济，反对国家干预经济。

了公共住房政策体系构建中应该把握的原则：（1）公平原则与划分层次原则；（2）满足基本需要原则；（3）财政适度原则。

在分析我国公共住房的分配对象后不难发现，我国的公共住房政策分配对象的标准构成一般包括：当地户籍、收入及资产资格审查、住房困难程度三项主要内容，主要体现了收入审查标准。

在确定公共住房分配基础时需要解决两个问题：第一个问题是，由于获得住房补贴的人群毕竟是少数，那些实际收入稍微超过了获得住房补贴者的家庭需要在市场上购买或者租赁住房，这对他们是比较困难的，也是不够公平的。第二个问题是，当住在公共住房的居民收入水平提高的时候，他们就不具备继续住在公共房屋的资格，政府就应该让他们迁出公共住房，而一旦他们从公共住房迁出来，因为市场中的住房价格很高，他们的经济景况反而会有所降低。因此，公共住房本身会降低人们改善经济状况的积极性。

第6章 城市公共住房政策的内容形式与运行方式

社会福利品的内容形式和运行方式的选择则关乎供给效率与需求公平是否均衡的问题。采取或实物或货币不同的福利品形式，采取不同的服务和组织运行方式，其供给效率与需求公平之间的均衡条件又有较大差异。因此公共住房政策的内容形式的选择问题，实质上就是要根据住房问题的不同发展阶段，选择供给效率与需求公平之间均衡性相对较好的公共住房产品。无论是实物、货币还是其他服务或补偿，都表现出供需是否均衡、效率与公平是否均衡的问题；公共住房政策的运行方式则主要包括服务递送方式和资金筹集方式，对公共住房政策的供给效率作用明显，类似于影响公共政策供给效率的组织机制因素。本章将就公共住房政策的内容形式和运行方式展开分析。

6.1 基于均衡性的公共住房政策的内容形式

6.1.1 公共住房政策内容可供选择的形式

在社会政策的政策形式维度上，传统分歧主要集中在关于现金和实物救助二者优劣比较之上，二者也构成了社会政策内容的基本形式。公共房屋、家庭维修、住房现金补贴和代金券为消费者提供了程度不同的选择自由，反过来，它们确保福利给付用于预期目的的力度也不尽相同。不同形式的内容包含了一个可转移性的衡量维度——福利在多大程度上虑及消费者的选择。根据表现形式和可转移性特征，可以将社会政策的内容形式分为：现金、物品、代用券、退税、服务。

6.1.1.1 现金补贴

古典福利经济学家认为，现金福利最优，因为能够给予使用者最大的选择权，可以最大化他们的效用。根据微观经济学的原理，当给贫困家庭提供与公共住房同样效用水平的现金补贴时，假设政府建造和维护单位住房的成本是 200 元，对应的住宅补贴标准是 100 元（200 元减去对承租人收取的 100 元），则每套住宅的补贴是 100 元现金。100 元的现金支付使得接受者的预算线向上提高 100 元的距离，现金允许家庭在新预算线上选择任意的住房和其他消费品的组合，可能会使家庭状况变得更好。所以微观经济学家坚持认为，如果公共政策是为了帮助家庭增加效用，支付现金就优于提供公共住房。支持现金补助观点的主要理由是它对消费者自主权的依赖性，它给人以自主消费的权利。此外，提供现金补助可以节省大量的社会资源，因为它很少涉及处理和管理成本。现金补助还意味着消费者拿着现金到市场上自由选择商品，会促进私人竞争，促进竞争的良性增加。

但是现金补助优于实物援助的前提条件是消费者是理性的，有能力正确判断什么对其是最有利的，实物救助至少能为那些无意识或无能力的人提供一定程度的保护，例如精神残障病人、艾滋病人等。

6.1.1.2 实物援助

实物援助的最早支持者是 20 世纪 30 年代的瑞典经济学家阿尔文·缪尔达尔在研究儿童福利领域问题时提出的。赞成实物援助的学者认为实物援助优于现金津贴的原因是规模经济效应，而用于购买私人产品的现金补助就会昂贵得多。因此，在 20 世纪 30、40 年代的国家规划中，大规模生产并由中央分配的统一援助被视为可以消除许多公开市场竞争所造成的重复和浪费。从政策目标实现来说，比起现金补助，实物援助能够完全集中于目标人群上，有多少人能够直接受益是衡量政策能否达成目标的重要方面，而现金补助往往只有一小部分直接用于预期的目的，限制一些一定消费水平之下的不适当的消费选择。提倡实物援助的代表人物缪尔达尔认为，实物援助是为共同目标而进行的资源统筹，而不仅是个人利益的保障，呼吁提高对消费方的控制，理性的选择需要掌握有关消费物品的客观信息。当然，实物援助的顺利实施需要具备一个客观条件，即家庭具有足够的收入水平（威廉·N. 邓恩，2002）。

反对实物援助的观点主要有三个理由。一是实物援助需要实施社会管制，一方面是管制限制了消费者的自由，另一方面管制要求必然出现管制的复杂性，这一点有很大困难，而且容易引致社会抵抗和对立情绪。二是国家垄断被各国实践证明是成本较高的。三是对于不适合于标准化的产品，牺牲自由选择去支持受管制的产品会给人带来不快。具体到公共住房来说，公共住房项目面临着许多问题，包括贫困集中和高犯罪率。

6.1.1.3 代用券

在现金和实物的传统争论之外，学者们和政策实践者们对代用券一直持有浓厚的兴趣。代用券的福利形式之所以具有特殊的吸引力，因为它既保留了消费者的选择自由又允许一定程度的社会控制，确保福利达到政府认定的目的，实现政府在提供居所上的重要服务目标。最大规模的住宅代用券项目产生于美国，分为租金凭单和住宅优惠券。住宅代用券虽然给了很多居民以帮助，但是因为受到成本的限制而实施范围有限。一个涵盖大部分居住面积不足的贫困人口的普遍性代用券制度的开支是极其昂贵的。而且代用券需要有一系列的保护性措施以防止歧视问题的发生，例如房主不愿意将房子出租给使用代用券的贫困人口。

6.1.1.4 退税和贷款给付

退税和贷款给付具有结构化的交换价值并能在具体部门转化成资源的福利形式，由于比物品或服务提供了更大程度的选择自由，故具有特殊的吸引力，因为既在部门内保留了一定的消费者自主权，又在社会管理上有利于控制。住房福利的适度也至关重要，比如通过对纽约市房屋资助与贫困、财富之间关系的研究，发现过度的资助在一定程度上助长了贫困，固化了种族隔离（Wyly E，2010）。

6.1.1.5 服务

服务是为了特定业主的利益而进行的活动，如社区服务、房屋维修，这些服务从它们对领取者所产生的直接市场价值来说，具有不可转移性。对低收入家庭的服务非常重要，低收入居民的社会网络被认为是单调的、紧张的、局促的，并受限于资源和信息的获得（Curley A M，2009）。服务工作的重点应放在增进公共住房居民对健康行为和意识效果的理解上，并强化公共住房周边社区的资源连接（Eugeni M L，2011）。

6.1.2 公共住房政策内容形式的选择趋势

国外公共住房政策形式的不断演化显示着现金和实物在其理念和实践层面上的进展关系。在各国实践中，公共住房政策的供给内容演进主要经历了如下过程：(1) 直接提供，经历了公共住房不断减少，且由政府兴建向政府联合私人部门共同建设、政府提供补贴的转变。前者如英国、新加坡和中国香港地区，后者如德国、瑞典、荷兰及法国等（表6-1显示了历年英国住房产权结构变化情况）；(2) 房租补贴，包括房租/税核减（证明）、房租优惠券。如荷兰从1967年开始逐步减少政府所提供的住房建设贴息的同时，为抵消以相等的比率提高房租对低收入家庭的冲击，引入了房租补贴政策（胡昊、约根·诺兹曼，2002）；瑞典在1968年将政府建房抵押贷款的利率提高到市场水平（不再用低息贷款补贴住房生产），同时政府扩大对各类困难人员的房租补贴。(3) 贷款优惠。在住房所有权中立前提下，低收入家庭可以选择享受政府的贷款补贴购买住房。贷款优惠购买又涉及产权的问题。从发展趋势来看，大多数国家都逐步放弃了大量建房的政策，向提供补贴的财政和金融手段上转变。(4) 管制。对住房供应数量和质量的管制，制定住房服务最低标准线、对房屋鉴定人和评估人的行业标准管制、土地使用规划；保证保有方式的中立性，即竞争市场使得从资金方面来说买房与租房并无区别，二者相关成本没有受到人为扭曲；对资本市场的管制，通过公共提供贷款和贷款保障来管制。一项在南澳大利亚的研究表明，公共住房政策对居民精神疾病有很大的影响，因而用政策制定要"用户至上"，要有广泛的参与者，而不能局限于政府本身（Battams S，2009）。

表6-1 英国住房的产权结构变化

单位:%

年份	自有住房	租赁住房		私人出租住房
^	^	社会租赁住房		^
^	^	地方政府	注册社会住房业主	^
1914	10	0	0	90
1945	26	12	0	62

续表

年份	自有住房	租赁住房		私人出租住房
		社会租赁住房		
		地方政府	注册社会住房业主	
1951	29	18	0	53
1961	43	27	0	31
1971	53	31	0	17
1981	57	28	2	13
1991	66	19	3	12
2001	69	13	6	12
2008	67.9	8.7	9.1	14.2

资料来源：English Housing Survey：Headline Report 2008－2009，23 February 2010。

6.1.3 我国城市公共住房政策的内容形式分析

6.1.3.1 廉租住房的政策内容形式

我国各地在廉租房政策实施过程中，主要采取实物配租、现金补贴、租金减免和房屋置换四种形式来提供服务，其中，以前三种方式为主，房屋置换辅助。

（1）实物配租是政府为低收入户和住房困难户直接提供低租金的住房，孤、老、病、残等特殊困难家庭和其他急需救助的城市居民只占到廉租房选择对象的14%左右。租户交纳的房租由维修费和管理费构成，每户享受到的补贴是政府建设廉租房的成本费用与廉租房租金之间的差额。房源来自政府新建住房、腾退公有住房、社会捐赠住房及其他渠道筹集的住房。国外和我国过去的实物配租经验都表明，实物援助的方式很难满足低收入家庭的各种不同类型的居住要求，政府付出的建设和管理成本非常高昂。这种方式在满足最低收入者支付能力的住房极度缺乏时更容易见效。

（2）租金补贴是政府向低收入户和住房困难户按规定的标准发放租金补贴，由补贴获得者自己到市场上租房。租赁补贴家庭根据与房地产行政主管部门签订的廉租住房租赁补贴协议，根据居住需要，选择适当的住房，在与出租人达成租赁意向后，报房地产行政主管部门审查，审查通过后方可签订租赁合同。据统计，能够获得租金补贴的家庭数占到廉租房对象的29%左右。租金补贴方式需要有足够的价格低廉的空置房屋作为前提，但是，我国目前很多城市可以提供给低收入者的低价出租房较少，而且违章建筑、容积率过高、不合标准等现象还大量存在，需要有政府相应的管制性措施予以配合。另外，住房补贴标准以每人计还是以每户计是制定廉租住房补贴发放依据标准时需要考虑的内容，《城镇最低收入家庭廉租住房管理办法》对此并没有明确规定。

(3) 租金减免，是对租住在公有住房内的"双困"（低收入和住房困难户）家庭实行的租金减免。对住在公有住房的困难家庭，通过审核可以确定符合廉租住房条件的，认定现住公房为廉租住房，并按廉租房租金标准收取房租，低租金与现有公房租金的差额，由政府用筹集到的廉租房租金补贴给产权单位。由于我国住房制度改革的大背景，租金核减覆盖的住户占到了廉租房住户的55%左右，占据比较大的比重。对于申请租金核减的家庭，由产权单位审核并按规定给予租金减免。

(4) 房屋置换，即廉租住房管理部门用新建的廉租住房与符合条件的"双困户"住的旧公房进行置换，将新建的廉租住房配租给"双困户"，以帮助他们改善居住条件。

6.1.3.2 经济适用住房的政策内容形式

经济适用房是指由政府提供政策优惠，并限定建设标准、供应对象和销售价格，同时具有一定保障性质的政策性商品住房。根据住房和城乡建设部等七部委2007年发布的《经济适用住房管理办法》，经济适用住房的优惠政策主要体现在以下几个方面：建设用地是以划拨方式来供应，各项行政事业性收费征收时减半计价，小区红线外基础设施明确由政府负担建设费用，商业银行个人贷款利率执行优惠标准的贷款利率，购买经济适用住房的家庭可优先获得住房公积金贷款。符合购买或租赁条件的家庭，可以购买或租赁一套与核准面积相符合的经济适用住房。实际购买面积超过了核准面积的部分，则不享受政策优惠。经济适用房价格以与城镇中低收入家庭经济承受能力相适应、保本微利为原则，基准价格由开发成本、税金和利润三部分构成。

现阶段我国的经济适用住房主要是实物援助的形式，而且只售不租。

这种经济适用住房的供应方式加剧了住房供应总量不足的问题，尤其是2003年以后，在房价开始高涨之后，经济适用房供给更加不足。根据住房和城乡建设部网站资料，1999年经济适用房投资占全部商品住宅投资比重为16.6%，2004年则降为6.9%，2005年下降到不足5%，2009年1~11月经济适用房投资额为976亿元，在商品住宅投资中的占比为4.4%，略高于2008年同期的投资比重。总量供给不足导致很多人为了获得低价住房而造假、骗购，使得本来就紧张的房源更加不足。然而实物援助的方式对于房价很高的大城市来说具有一定的优势，在大城市由于房价高涨，通过实物援助能够较好地缓和供需之间的短时性冲突。

6.1.3.3 公共租赁住房的政策内容形式

公共租赁住房是指主要由政府投资并提供政策支持，限定套型面积和按优惠租金标准向符合条件的家庭提供的保障性住房。因此，公共租赁住房的政策内容形式主要是实物配租。近年来我国一些城市在实践中发展的公共租赁住房，主要有经济租赁房、租赁型经济适用房、政策性租赁房、保障性租赁房以及农民公寓等。根据国家"十二五"期间及2011年保障性住房建设计划，2011年全国将建设保障性住房1000万套，投资规模约1.3万亿~1.4万亿元，其中中央拨款1000亿元，其余由地方政府筹集。在2011年拟开工建设的1000万套保障性住房中，公共租赁住房约400万套，总投资规模约5000亿元，而且根据公共租赁住房的特点，这部分投资应该来源于长期资金。可以推知，"十二五"期间，随着住房保障工作的大力推进以及公租房地位的日益突出，公租房建设的投资需求量很大。因此，仅靠中央及地方财政资金只是杯水车薪，需要多渠道筹集资金。

以承租方式解决中低收入群体在一定阶段的基本住房问题是世界上的通行做法。在发达国家，公共租赁住房占全部住房的平均比例为10%~20%。据住房和城乡建设部统计，在2010年我国开工建设的590万套保障性住房、2011年计划建设的1000万套保障性住房和"十二五"期间规划建设的3600万套保障性住房中，公共租赁住房占了很大的比重。由此可见，发展公共租赁住房是我国城市居民住房制度的长远安排。

6.1.3.4 住房公积金

我国的住房公积金是学习新加坡经验设立的强制性住房储蓄制度，属于政策性住房金融，通过直接使用金融手段支持城镇职工购买住房，弥补国家缺乏对低收入家庭解决住房问题有效途径的不足，对中低收入家庭购买以自住为主的一定面积标准以内的住房，实行低息、低首付、贴息的政策。但是，与国外的住房金融支持政策不同，我国的住房公积金目前还主要用于职工购买住房，还未能真正用于自建或维修和租赁。因为城市居民有条件自建住房者很少，申请维修贷款实际操作比较困难，最关键的是不能用于租赁，只能在购买住房或退休后等条件下提取。另外，住房公积金的管理体制也存在问题。最初公积金建立的时候是因为职工工资中住房消费含量不足，单位和职工各按职工工资一定比例缴存，国家给予一定的税收减免支持，给个人建立住房资金的积累，就像新加坡的公积金。但是我们学人家的东西没有学好，使它形成了一个国家的事业单位、地方预算外的事业单位（汪利娜，2010）。

2010年8月，北京、天津、重庆等28个城市被确定为住房公积金贷款支持保障性住房建设试点城市，对133个经济适用住房、棚户区改造安置用房、公租房项目提供贷款，累计提供资金493亿元。住房公积金开始有序流入保障性住房的建设中。在我国，住房公积金是一笔巨额的资金，截至2010年末，全国住房公积金缴存余额达到1.77万亿元，扣除发放个人住房贷款总额1.86万亿元后，可利用余额为1.09万亿元。如果在满足缴存职工提取、个人住房贷款和留足备付准备金的前提下，发放保障性住房建设贷款或投资公共租赁住房，可以有效缓解我国保障性住房的融资压力。当然，住房公积金投资建设的公共租赁住房，产权归住房公积金中心所有；住房公积金贷款或投资建设的公共租赁住房，应优先供应给符合条件的缴存职工。

总之，我国公共住房政策的内容形式主要包括提供实物援助（如廉租房实物安置和经济适用房）、现金补贴（如廉租房的租金核减和补贴）和部分金融支持政策（如住房公积金的低息贷款），但以前两者为主。

6.2 基于均衡性的公共住房政策的服务递送

根据国外的社会政策研究成果，社会政策的服务递送选择主要有以下几种类型：中央集权模式（centralized service-delivery system）、顾客导向管理与"逆向式层级"服务提供模式（client-centered management and inverted hierarchy service delivery system）、结盟服务提供组织模式（federated service delivery organizations）、个案管理服务提供模式（case management service delivery systems）、通过相同背景的人员提供服务模式、建立社会服务的咨询机构模式[①]。从关注内容来讲，主要可以考虑以下几个方面的内容：由中央集权管理或由地方分权管理、提供综合服务或提供单一服务、依赖专业工作人员或雇用准专业人士、是政府管理者还是私人合同方等。目前两个最急切的问题是关于服务组织的公私关系和中央地方关系问题，这也是本文重点探讨的内容。

6.2.1 公共住房政策服务递送中的选择

6.2.1.1 中央政府和地方政府的分权

在确定全国的公共住房政策服务递送方式的时候，尤其值得注意的是，中央和地方政府间的关系。从中央和地方不同角度出发的公共住房政策设计效果会完全不同，联邦制和集权制国家的不同体制下中央和地方在公共住房政策服务传递中发挥着不同作用。越来越多的学者开始关注这个问题，这一方面是与公共政策在20世纪70年代开始进入关注执行的阶段相关，另一方面是公共住房政策中的区域性差异造成了这种关注的转移，如Lux M（2003）等的研究。

通过中央集权和地方分权间的适度平衡，可以发挥地方政府的优势，包括更了解地区情况的问题、能更快地对对象的特殊需求做出反应等。但是地方主义可能是狭隘的，例如美国州权理念长期用来保护南部白人的实力和特权，州和地方财税系统经常出现赤字情况，人员培训和技术管理能力相对缺乏，只有中央政府能够带来收入或服务方面的显著的再分配。而且分权也会导致各地政策努力不一致的差异，虽然反映了多元化的好处，但也影响了处理问题的全国性的均衡，而且会导致地区间出现相当大的

[①] Chambers W. & Wede, K. R. Social Policy and Social Programs: A Method for the Practical Public Policy Analyst (Fourth Edition). Essex: Pearson Education, 2005.

差异。

在美国，住房运动控制权从联邦政府向州和地方政府的正式转移被看做是美国公共住房政策成功的重要工具之一。1990年《住房行动法》的出台是具有里程碑意义的事件，它规定联邦政府为住房产品以及出租人和低收入者提供资金，而由地方政府决定谁是受益者。美国政府建立其新的服务递送系统来建立新的公共住房管理以应对诸如犯罪、集中贫困、失业和文盲等外部影响因素。具体措施包括：成立公共住房管理机构下的非营利公司来解决其急迫问题，可以从联邦、州和地方政府获得授权从私人部门获得基金；公共—私人合伙，由营利的私人部门和非营利的公共部门组成；各部门间合作等。但是，这又引起了另外一种担心，即地方政府会因为考虑到大量的低收入家庭流入而不愿大力发展公共住房（阿列克斯·施瓦兹，2008）。当然，服务递送是无止境的，比如，动机访谈辅导加之于健康食谱，并尝试改变生活方式，可以有效地帮助一个高风险人群改变其恶劣状况（Ahluwalia J S，2007）。

当前普遍的模式是各级政府及开发商不同形式地参与到公共住房建设和供应中。在美国，联邦政府侧重于土地规划、确定住房目标、发放住房补贴，其占总补贴的70%~80%；州政府侧重于建房，出售或出租给低收入家庭。开发商如果提供在建项目面积20%的低价住房，政府给予33%的容积率奖励或给予低价出租房免房地产税的优惠。英国中央政府每年安排公共住房建房预算，向地方政府拨款用于公房建设，并于2004年修改《住房法》，要求各城市政府通过规划手段，强制要求新建项目中必须有一定比例的中低价位住房，建好后以同类商品房价格的70%卖给城市房屋协会，由协会出租或出售给低收入者。在这些国家，通过立法和财政保障，明确责任，规划手段和经济手段被共同使用，结合市场机制来加快增加中低收入家庭的住房供应量。

6.2.1.2 私营化和商业化

分析公共住房政策服务供应主体涉及两个层次的问题：一是广义的私营化问题，即是由政府直接提供还是以政府签约授权的方式由私人提供者提供；二是狭义的商业化问题，即选择营利机构供应者还是非营利机构供应者。

20世纪80年代以来，公共服务中的第三方购买在国外盛行起来，通过第三方购买可以用政府财政资金支付由私人机构提供的服务。可以通过赋予社区机构权力和责任，发挥社区的基础性作用。同时，发挥非营利机构比营利机构在社会责任感方面具有的更大优势；也可以通过私营化来发挥市场竞争的优势，避免政府机构的垄断服务导致服务质量的下降。

在20世纪60年代以前，西方国家社会福利服务基本上专门由公共和志愿非营利组织提供。随着利益导向的营利部门的参与，有关营利部门和非营利组织的关注和研究逐渐发展起来。许多研究比较了非营利和营利供应者之间的相对成效，有的研究显示非营利供应者对需求更加敏感，还有研究表明营利机构适合某些特殊的服务领域，但也有研究表明自由市场"损害了照顾的质量"（Stolberg S G，1999）。但是总体而言，非营利提供者和营利提供者之间的相对优势比较，由于社会服务目标的多元化和不确定而变得难有定论。

不可否认的是，居民个体和居民组织在公共住房政策体系中日益发挥着越来越重要的作用。Maclennan D等学者（2001）研究后指出，在20世纪90年代欧洲国家普遍缩减住房预算后，英国政府有效启动了社会住房金融市场。在公共支出预算限制的条件下，发展住房协会，鼓励通过住房股权转让、发展社会住房领域的私人基金等形式来发展非营利住房。客观上，英国绝大多数城市居民都是通过私人机构提供的住房来解决居住问题。包括房屋管理委员会和房屋管理协会等政府主导的社会公共房屋管理部门提供的住房则主要租赁给中低收入家庭，解决其基本居住需求。按照英国官方2003年的统计，英国城市居民全部住房中，自住自有住房占比达到69.4%，社会公共房屋部门提供和私人出租住房占比分别为20.6%和9.7%。相比而言，大城市自住自有住房占比较低，私人出租住房占比则相对较高（例如，伦敦市私人出租住房和自住自有住房占比分别为16%和57.8%）。作为公共住房的居民，其流动性往往是由于其不稳定的经济状况和生命周期的变化，而服务和设施的欠缺是一个根本性的问题（Apparicio P，2006）。

6.2.2 我国城市公共住房政策的服务递送

6.2.2.1 我国中央—地方的政策传递与公共住房政策的空间均衡状态

我国在管理上是集权制国家，地方政府承担了许多诸如提供公共住房等方面的社会责任，而中央政府的责任是通过向各级地方政府多层分解加以解决。可以说，1994年开始实施的分税制改革，在很大程度上保证了中央政府稳定的财政收入，以集中一定财力完成全国性的具有宏观意义的社会经济目标，也使地方政府本身可以支配和把握的资源不再单纯依靠中央政府的划拨，而是充分依靠地方自身的经济发展实力，从这个意义上讲，经济发展实力强的地方政府一定会拥有更多的可支配资源。中央政府则需要集中精力考虑不同地区之间的统筹平衡。在这种情况下，中央政府自然允许地方政府有所创新，以能够极大地满足各方面的多种需求，并确使社会公共政策的效率值达到最大化。

我国住房福利的提供是由国家占据主导地位的，中央政府在决策方面起决定作用，地方政府负责政策落实和细化。这种中央和地方的权责分配与政策传递模式体现在公共住房政策上，就表现为我国当前显著公共住房政策的空间不均衡。导致这种空间不均衡的因素很多：（1）公共住房的空间均衡对资源禀赋的要求较高。区域发展是以资源为基础的，不同的发展措施和途径对资源的需求是不同的。有些行业的发展所依赖的资源是可以通过后天弥补的，如高科技企业。但是有些行业的发展只能依赖于资源禀赋，如资源型产业和地区。而公共住房的发展既面临极度依赖当地天然资源禀赋——土地，又不具有选择性，即必须发展当地的公共住房事业，保障低收入群体生活质量。（2）公共住房空间均衡的流动与非流动悖论。在经济学中，均衡一般是指经济体系中变动着的各种力量处于平衡状态。在许多经济的发展规律中，各种变量是经过看不见的手调配和流动，最终使资源优化配置达到均衡。在公共住房空间均衡的体系中，土地和人口是最主要的供求因素。而土地是不可流动的，一个地区的土地事实上是无法改变的，除非变动区域划分。一个区域的人口是不断流动的，尤其是城市化进程快速发展的今天，大城市每年的人口涨幅很大，同时带来大比例的低收入需公共住房保障的群体。这就表现为供给增长受限和需求大量增长矛盾。(3) 公共住房空间均衡更依赖于机制和政策因素。由于各个地区的资源禀赋不同，每个地区发展公共住房的土地、资金、建筑技术等资源也具有很大差异，而造成这些不均衡的因素不是短时期当地通过自身努力可以解决的。如西部地区，由于自然资源、环境地貌、经济基础等自然和历史原因，很大一部分居民难以解决居住问题，要和其他地区同时或者稍晚解决公共住房的发展问题，靠自身发展几乎是不可能的，这就需要中央的政策倾斜，为西部单独立项予以扶持。还有的地区具备解决这个问题的能力，但是当地政府并没有在发展公共住房方面投入很大精力，对于这种省份地区，需要中央政府通过建立健全机制，督促其发展公共住房事业，达到其空间均衡。

为了比较我国当前地方公共住房政策的客观压力，本文构建了经济压力指数和土地压力指数两个指标来进行全国范围的对比分析。这是因为给一个地区公共住房发展带来压力的主要来自两个因素：资金保证和土地保证。由于住房保障方式的多样性，可以用提供给低收入家庭补贴的方式来解决其居住问题，因此，最棘手的问题还是资金问题。

(1) 资金压力指数及比较

按照中国现有的规定及国情，大部分省份地区把公共住房的人均居住标准定为 20 平方米以上且每户 50~60 平方米。若是面积超标，按照商品房价格补齐面积差价，不需要额外的支出，但是这在一定程度上减少了公共住房的可用面积。所以，计算所需的总面积时，比较适合以"户"为单位，并采取折中的住宅面积，才能最大限度地接近真实的需要水平。因为需要在不同省份之间进行比较，适宜选取相对指标，如百分比。鉴于 GDP 的单位为货币，所以以住宅的单位造价进行面积换算。对于公共住房而言，单位面积造价不同于建筑业的建筑单位造价（建筑单位造价 = 建筑物总价格/住宅总面积），考虑到不同的补助方式，公共住房单位面积造价应该等于某年度所投资于公共住房事业且已经投入使用的投资总额除以本年度投资所产出的公共住房面积（享受补贴家庭按标准折算面积）。为了最接近真实的物价，可以前一年的造价水平为基准，进行比较。

根据以上分析，设立公共住房经济压力指数 P 为：

$$P = \frac{(应保户数量 - 已保户数量) \times 住宅面积标准 \times 单位面积造价}{地方年度 GDP}$$

注：单位面积造价 = 前一年公共住房投资额/ 建成的公共住房面积

以2007年北京市和黑龙江省的廉租房为例，对比分析两个地区的压力指数（见表6-2）。

表6-2 不同地区廉租房经济压力情况比较

地 区	低保户	已保户	面积标准（平方米）	单位面积造价	年度GDP（亿元）
北 京 市	72679	25030	50	a	9000
黑龙江省	686314	5603	50	b	7077.2

则北京市2008年度的廉租房经济压力指数为：

$$P_{北京} = (72679 - 25030) \times 50 \times a/9000 = 265a \quad (1)$$

黑龙江省2008年度的廉租房经济压力指数为：

$$P_{黑龙江} = (686314 - 5603) \times 50 \times b/7077.2 = 4809b \quad (2)$$

由此可见，除非北京市的廉租房单位面积造价低于黑龙江省的17倍，黑龙江省的公共住房经济压力才会大于北京。根据以往的经验，黑龙江省和北京市的单位面积造价差距不会超过5倍，因此黑龙江省面临着相对较大的廉租房建设经济压力。

按照笔者掌握的资料对全国各省份的公共住房（廉租房）经济压力进行不完全估算并比较，如表6-3所示。

表6-3 我国各地区廉租房建设经济压力比较

地 区	城镇低保户	城镇已保户	面积标准（平方米）	单位面积造价	2007年GDP（亿元）	$Pn/\Delta s$
北 京	72679	25030	50	Δs	9006.2	265
天 津	69374	27114	50	Δs	5018.28	420
河 北	408449	25842	50	Δs	13863.5	1380
山 西	409477	5094	50	Δs	5659.2	3570
内蒙古	391844	7399	50	Δs	6018.81	3190

续表

地 区	城镇低保户	城镇已保户	面积标准（平方米）	单位面积造价	2007年GDP（亿元）	$Pn/\Delta s$
黑龙江	686314	5603	50	Δs	7077.2	4809
吉 林	603684	23455	50	Δs	5226	5550
辽 宁	664203	46838	50	Δs	11022	2800
山 东	254792	14544	50	Δs	25887.7	460
江 苏	201080	26248	50	Δs	25000	305
安 徽	512333	12326	50	Δs	7345.7	3400
上 海	188449	77397	50	Δs	12000	460
浙 江	51150	20655	50	Δs	18638.4	82
福 建	84248	7179	50	Δs	9075.16	420
江 西	398245	24306	50	Δs	5469.3	3420
河 南	639385	12022	50	Δs	15000	2090
湖 北	630392	29543	50	Δs	9150	3280
湖 南	706264	21086	50	Δs	9145	3750
广 东	147606	23674	50	Δs	30606	20
广 西	283875	12310	50	Δs	5885.88	2310
海 南	73205	2307	50	Δs	1229.6	2880
云 南	417331	6576	50	Δs	4700	4370
贵 州	267522	8251	50	Δs	2700	4800
四 川	911025	36807	50	Δs	10505.3	4160
重 庆	406829	26527	50	Δs	4112	4620
西 藏	16228	0	50	Δs	342.19	2370
新 疆	320142	2716	50	Δs	3400	4670
青 海	94897	255	50	Δs	760.96	6220
甘 肃	303599	6075	50	Δs	2669	5570
陕 西	351748	7553	50	Δs	5369.85	3200
宁 夏	89701	2560	50	Δs	830	5250

资料来源：根据各省统计资料整理。

其中 Δs 不是固定数值，是一个已知变量，代表各省份单位面积的造价。忽略 Δs 所得的各省份相对压力比较如图6-2所示。

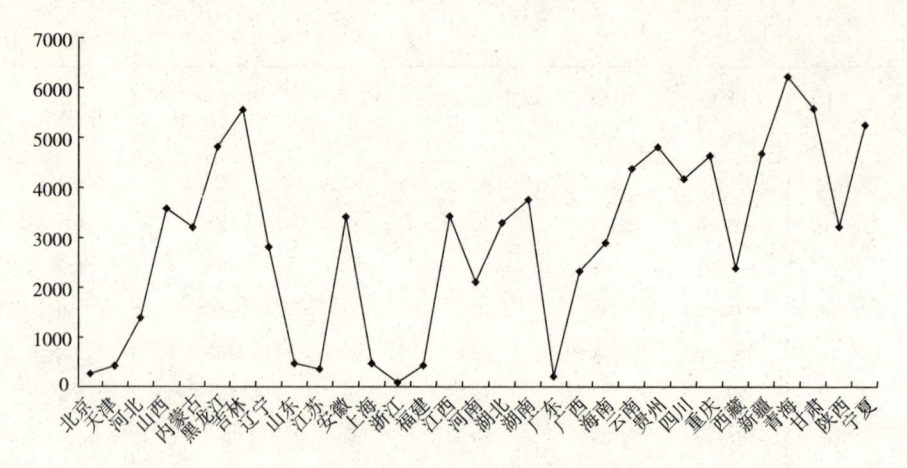

图 6-2 我国各地区廉租房建设经济压力比较

假设各省的单位面积造价相同,则按照已知数据分析,吉林和青海的公共住房建设经济压力较大,浙江、广东压力较小。但是由于西部地区的物价水平较低,因此加上单位面积造价后,各省份的相对数据会发生变化,但是不会有特别明显的变动。

(2) 土地压力指数

土地是各地房地产市场发展的必需资源,加上国家保护耕地的基本国策,可用在建筑上的土地在每个地区都是紧缺的。因此,衡量一个地区发展公共住房的土地的压力水平,不能单单从公共住房用地分析,而应该分析这个地区整体对土地的需求压力。

城市的土地大多是建筑需要,而大部分建筑是为了解决人民的居住需要。对于住房的需求主体而言,大部分是需要改善已有居住质量。中国的收入阶层是两头小中间大的橄榄形,而在这些阶层中最急切需要并能够改善住房质量的有两类人群:需要政府扶持的达标的低收入群体和不在保障范围内有能力在几年内购买新住房的中等或偏上收入群体。至于高收入群体,是已经有了住房的,他们虽然有更换住房的可能,但是由于数量较少,对市场产生影响较小,暂不列入考虑范畴。城市在一段时间内新建多少住房才能满足需求主体的需要,如果按照不同的收入阶层的家庭来看由两部分构成:低收入群体的需求标准遵循国家的要求,廉租房 50 平方米以下,经济适用房 60 平方米左右;中等或偏上收入群体的要求则是高于现有水平，即略高于城市平均居住面积。

$$P' = \frac{城市未达标低保住户数 \times 保障住宅面积标准 + 中等家庭数 \times 期望面积}{城市可用建筑用地存量}$$

其中城市未达标低保住户数和中等家庭数可以根据相关的城市人口分布规律，按照总家庭数的百分比求得。这个指数中的多个变量都很难获得准确的数字，但是作为相对比较的衡量标准还是有很多借鉴意义的。对于省份而言，面积越大面临的土地压力就越小；而人口越多，面临的住房需求越大，压力也就越大。

本文提供两种公共住房建设的压力指数，体现在公共住房政策问题上，远不是那么简单。目前的情况是很多城市有能力在公共住房领域有所作为，但是由于我国公共住房政策过程缺乏动力和监管机制，重决策轻执行与监控，缺乏问责机制，导致公共住房政策效果总体不佳。

上述问题都直接影响了住房利益的可得性和受惠面，因此要具体问题具体分析。而有些城市可能确实受到财政或者土地资源的限制，如果是财力有限，为了维持公共住房的空间均衡，中央政府应该对那些地区通过专门立项或其他方式加以扶持；如果是土地资源紧张，城市土地的承载能力远远小于城市总人口的需要，唯一的办法是考虑城市经济的转型，因为城市人口短期的大量增长绝大部分的原因是流动人口大批涌入造成的，可能是因为城市的劳动密集型工业发达或是其他原因。这种城市应该考虑重新分布其工业布局，适当发展郊区经济，减少人口对土地资源的需求压力。从而实现以人为中心的生态、经济、社会的协调发展。

6.2.2.2 我国城市公共住房政策的公私合作分析

我国的公共住房政策参与主体主要是政府。具体政策输送的公私合作情况如图6-3所示。

廉租房目前主要采取以政府为主体的建设管理模式，政府负责监督管理住宅建设、资格审核，审核依据来自政府相关部门出具的优抚证明。我国也有社会人士捐赠住房用于廉租房，但是目前还极少，此外我国的社会其他主体就没有途径参与到廉租房政策中来。经济适用房采取政府控制的以"开发商"为主的开发管理模式，开发商负责建设房屋并依据政府提供的审核证明进行销售，政府负责为开发商提供优惠政策，限定利润，对申

>> 城市公共住房政策设计

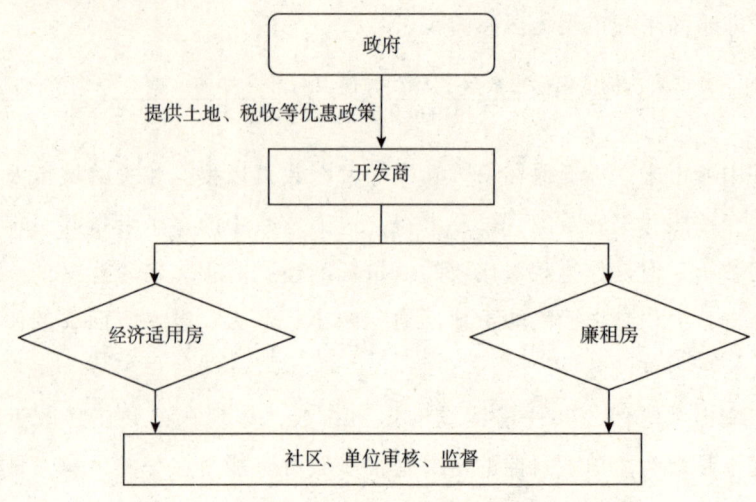

```
                    ┌──────┐
                    │  政府  │
                    └──────┘
                        │ 提供土地、税收等优惠政策
                    ┌──────┐
                    │ 开发商 │
                    └──────┘
                    ╱         ╲
              ╱                     ╲
        ◇经济适用房◇            ◇ 廉租房 ◇
              ╲                     ╱
                    ╲         ╱
                ┌────────────────┐
                │ 社区、单位审核、监督 │
                └────────────────┘
```

图 6-3　我国公共住房政策输送的公私合作情况

购家庭资格进行审核，审核的依据来自申请人所在单位/社会团体为其出具的收入证明（何晓玲，2008）。在这种模式下，依据的可靠性出现问题时政府难以监督，会导致骗购现象的出现；对于开发商而言，营利性使得他们很少关注利润之外的事情，也没有权利和义务对申购家庭进行监督。经济适用住房的这种建设管理模式也是导致前文所述各界争议经济适用住房的根源所在。要想真正发挥经济适用住房的作用，有必要对该项制度做较大的调整和修改，使之真正符合公共住房的要义。

公租房建设投资回报率低、回收期长，对社会资本吸引力不足。在现行政策下，公租房的投资回报主要通过租金实现。从各地实践来看，公租房租金主要考虑开发成本、保障对象承受能力及市场租金水平三方面因素；在这种情况下，若政府不给予补贴，公租房租金水平很难达到社会资本要求的资金利息或投资收益。

以北京市为例，在不考虑偿还本金的情况下，公租房建设所能承受的资金年回报率要求最多为 5.5%；若政府迫于舆论压力进一步降低租金，则可能连5%都无法满足。若考虑本金的偿还，则租金需进一步提高，经估算偿还期限至少达 15~20 年，这无疑是大部分社会资本，尤其是债权投资类所难以接受的。如何保障社会资本的投资收益率，并设计合理的退出机制是解决这一问题的关键。

6.3 基于均衡性的公共住房政策的筹资方式

国外社会政策领域通常的筹资方式有：私有市场募集、私人捐款、相关的利益基金（work-attached benefits）、社会保险、公共或者政府拨款。涉及社会政策的资金维度有两项相互关联的基本选择：资金的来源和转移支付系统

6.3.1 公共住房政策筹资方式的选择

6.3.1.1 资金来源方式

（1）税收与税收支出

税收是资助包括公共住房政策在内的社会公共福利计划的主要资金来源，是再分配的重要手段，是强制性和政府性行为。

税收支出目的不是为了筹资，而是为了按特殊的方式引导援助，是政府在原本应该征税的层面不征税。目前主要包括针对提供特殊房屋的单位和房主的税收减免和购买房屋者的有关利息税收减免。但是，不同意见者认为这只是提高了特定人群的利益，因为不购房者就无法从减税优惠中获益。

（2）收费

收费是指对社会公开市场中的福利产品和服务收取费用。一般有两种付费方式：通过向福利计划交纳保险费和通过向提供的服务付费。目前各国政府提供的公共住房及相关服务一般都需要收取一定比例的象征性费用。由于服务对象中大多数都是贫困人群，收费是必需的但并不总是能实现。需要根据使用者的实际经济情况按比例递减。对贫困对象做了一定程度的补贴，目的是确保没有人会因为付不起钱而放弃接受服务。

（3）自愿捐款

在公共住房政策领域，由于巨大的投入需要，几乎无法满足的资金缺口引发了经济学家和政策分析家的广泛争论，也引起了关于私人市场和政府行为间的长期争论。前者认为筹资操作方式应该由政府税收资助转为以私人投资为基础的方式，后者则主张通过高税收、改善信托资金的公共投

资方式来扩大资金的来源基础。但不管如何，国外公共住房政策是鼓励自愿捐款的。其实，自愿捐款还能调整不同收入阶层之间的社会关系，让公共住房之类的公共服务领域成为全社会成员的共同责任。

6.3.1.2 资金的转移支付

社会政策的资金转移支付是建立在各级政府关系的基础上的，即不同级别政府如何联合制定和实施政策以及为政策推行提供资金，目前最重要的工具是政府间的财政补贴。中央政府为地方政府推行特定类型政策提供一定的资金补贴，地方政府则需要分担部分开支。表6-4反映的是国外主要国家中央财政支出中住房项目及社区环境所占比例。

表6-4 主要国家中央财政支出中住房项目及社区环境所占比例

单位:%

代表国家	年份	比例
美　　国	1999	2.88
英　　国	1999	2.24
加 拿 大	1999	1.57
澳大利亚	1999	1.22
日　　本	1993	13.76
印度尼西亚	1993	13.56
新 加 坡	1993	12.10

资料来源：住房和城乡建设部住宅产业促进中心，2006。

随着地方政府以及各种各样的非营利性机构成为公共住房政策和项目开发及实施的主要力量，世界公共住房政策的资金转移支付方式在不同发展阶段表现出不同的发展特点。以美国为例，在20世纪70年代中后期之前，在"全国建立最低水平的机会和福利的保障"的目标下，联邦政府大量地参与到为贫困群体尤其是城市贫困群体提供由政府资助的服务中，认真地制定补贴政策以保证福利送达贫困人士。70年代中后期之后，联邦财政拨款通过一些"下放"政策开始转变。例如从1973年《住房与社区发展法》颁布之日起，联邦政府越来越倾向于为州和地方政府提供用于住房和社会发展的组团基金，使他们能够在一定范围内自由运用。1990年，美国政府又设立了Home项目，它是最大的专为中低收入住户提供廉价住房的联邦组团基金项目（林坚、冯长春，1998）。

6.3.2 我国城市公共住房政策的筹资方式分析

从资金来源方面来看，我国公共住房政策的资金来源方式主要包括公房收入（售房资金和房租收入）、公积金收益、财政预算、受益者的付费和私人与社会捐献等。总体而言，国家投资较少，随着公房收入逐渐减少，私人和社会的捐助缺乏有效制度激励，导致整体上公共住房政策实施所需资金差距较大，资金来源不充足、不稳定。

6.3.2.1 **廉租住房筹资方式**

由于廉租房建设完全具有社会保障的性质，其建设资金投入高回报低，无法吸引社会资金和银行的融资支持，资金往往成为廉租住房建设的制约瓶颈。仅仅依靠有限的财政预算资金是无法支撑大量的廉租住房项目运作的。关于廉租住房的建设资金来源，最初在1999年发布的《城镇廉租住房管理办法》并未明文规定其资金来源。因此，在1999~2003年这一阶段，廉租房的建设资金往往由廉租房的管理部门自行筹集，由于各地方政府对廉租房工作的重视程度不同，地方政府对其的财政投入也往往存在很大差别，和增长较快的低保家庭数量相比，廉租住房的建设还存在巨大的反差。

2003年出台的《城镇最低收入家庭廉租住房管理办法》规定了财政预算资金、住房公积金增值收益中按规定提取的廉租住房补充资金、社会捐赠的资金和其他渠道筹集的资金四种来源渠道。办法颁布以后，廉租房的建设资金有了较可靠的保障，廉租房的建设进入实质性的启动阶段，各地相继建立起规范的廉租房保障制度。根据住房和城乡建设部的数据，截至2006年底，全国累计用于廉租住房制度的资金共计为70.8亿元。其中，财政预算安排资金32.1亿元，住房公积金增值收益提取19.8亿元，土地出让净收益3.1亿元，社会捐赠0.2亿元，还有其他资金15.6亿元。从上述的数据可以看出，廉租房建设资金的主要来源是财政预算资金和各城市住房公积金增值收益，土地出让净收益仅占很少一部分，社会捐赠资金更是微乎其微。

6.3.2.2 经济适用住房筹资方式

我国目前实行的经济适用房政策，其实是政府通过划拨土地、减让税费，让渡了政府财政应得的份额，可以说政府的支出不是显性的。经济适用住房的优惠政策集中在以行政划拨方式供应建设用地，并要求根据城市总体规划和土地利用总体规划合理布局经济适用住房的建设方面。另外，还包括在经济适用住房建设与运营中减半征收行政事业性收费，由政府负担经济适用住房项目小区红线外基础设施建设费用等。

6.3.2.3 公共租赁住房筹资方式

按照国家规定，各地要把公共租赁住房建设用地一并纳入土地年度供应计划中来。不同供应对象的公共租赁住房，土地供应方式有所不同。如果针对经济适用住房对象供应公共租赁住房，采取划拨方式供应土地，而运用其他方式投资的公共租赁住房，可以通过出让、租赁或作价入股等方式有偿使用土地，但建设的公共租赁住房也不允许出售。地方政府对公共租赁住房建设和运营投资的方式可以多元化，包括直接投资、资本金注入、投资补助、贷款贴息，等等，同时，中央政府需要给予一定的资金补助。因此，目前公共租赁住房的筹资方式主要来源于政府投入，从长远看还要寻求建立多元化筹资的长效机制。

要充分发挥不同类型资本的特点，设计合理的投融资机制。政府财政资本（如财政拨款、贴息等）无资金成本，且一般无需偿还，但额度相对较小；政策性资本（如住房公积金、开发性金融等）的资金可用期限长（如可发放长期贷款或进行权益投资等），资金成本较低，但属风险厌恶型资金，额度亦较小；社会资本潜在额度大，但资金成本较高，资金可用期限较短。因此，政府财政资本可用于注入资本金，以及贴息、担保等，以降低社会资金的实际成本；政策性资本可用于低成本夹层融资，以解决社会资金可用期限较短问题；在此基础上，充分挖掘社会资本的潜在额度，为公租房发展提供有力的资金保障。

按照"盈亏平衡"原则确定公共租赁房名义租金，在政府提供租金补贴的条件下保证各相关主体的可持续运营。公共租赁房名义租金考虑开发建设成本、运营管理成本及筹得资金的还本付息来确定，以确保社会资本的偿还以及公租房建设运营主体和投融资平台的可持续运营。公共租赁房保障对象实交租金根据其支付能力（家庭年收入的一定比例，如35%）确定，名义租金与实交租金差额由政府直接补贴给公租房运营主体。

公共租赁房投融资模式的运作机制可以以这样的思路设计：中央政府的专项基金根据各地建设计划直接发放给地方政府，地方政府将中央下拨的专项基金、地方财政专项支出预算、土地出让收益一定比例以及住房公积金净收益一并注入地方投融资分机构，作为地方投融资平台的资本金。在此基础上，全国总机构及地方分机构均可通过各种方式吸引社会资本参与，总机构筹得的社会资本根据需求注入分机构。此外，总机构对分机构进行监管、审计，并协助建立各地分机构间的借贷机制，在全国层面上保证公租房资金需求得到满足。这样，地方分机构实质上接受了来自政府财政和社会资本的所有资金，然后根据公租房建设运营主体的申请额度以贷款等方式支持公租房发展。

6.4 小结

本章从政策实际运作层面对公共住房政策体系构建进行了分析。

(1) 在公共住房政策的供给内容上，在各国实践中，公共住房政策的供给内容演进主要经历了如下过程：①直接提供；②房租补贴，包括房租/税核减（证明）、房租优惠券；③贷款优惠；④管制。我国公共住房政策的内容形式主要包括提供实物援助（如廉租房实物安置、经济适用房和公共租赁住房）、现金补贴（如廉租房的租金核减和补贴）和部分金融支持政策（如住房公积金的低息贷款），但以前两者为主。从均衡性考虑，我国现阶段应更多发挥廉租房、公共租赁住房和住房公积金的作用。

(2) 在服务递送方面，目前国外大多数国家公共住房政策的服务递送系统都建立了公共部门与第三部门和私人部门之间的合作以及中央政府与地方政府之间的协作体系。目前中央政府制定基本政策和建设计划，地方政府在一定的自主权下负责公共住房的建设、分配和管理的具体实施，这也是各国的普遍模式。我国的公共住房政策参与主体主要是政府，社会其他主体基本没有参与到服务递送中来的途径。从供给效率考虑，我国应该更多地发挥社会力量在公共住房政策中的作用。

(3) 在资金来源方面，与欧美国家相比，我国公共住房政策的资金来源方式主要包括公房收入（售房资金和房租收入）、公积金收益、财政预算、私人和社会捐献、受益者的付费。总体而言，政府投资尤其是地方政府投资不能保证，导致整体上公共住房政策实施所需资金缺口较大，资金来源不稳定、不充足。这直接制约了公共住房政策供给效率的提高。

第 7 章 结论、建议与进一步研究的计划

7.1 主要结论与创新点

7.1.1 理论研究主要结论

1. 研究提出我国公共住房政策设计的理论框架。即从把握公共住房政策的规范性和均衡性、明确公共住房政策的目标和设计范畴、创新公共住房政策的执行方式三个方面出发,综合考虑公共住房政策的价值原则、对象选择、内容形式与运行方式,结合供给与需求的影响因素分析,以实现供需均衡的政策目标。

2. 研究提出影响公共住房政策设计的三个基本要素。包括:(1)需求发展要素;(2)供给均衡要素;(3)政策适应要素。

3. 分析指出我国公共住房政策运行中存在的主要问题。包括:(1)政策对象的错位问题;(2)政策内容不够丰富;(3)中央政府与地方政府之间政策传递不平衡、不顺畅;(4)公共财政支出严重不足;(5)公共住房供需过程中的适度均衡以及供给效率与需求公平之间的均衡都远没有实现。

4. 提出我国公共住房政策设计应坚持的基本原则。包括:(1)公平原则与划分层次原则相结合; (2)满足基本需要原则与财政适度原则相结合。

5. 提出了公共租赁住房投融资模式的运作机制的设计思路:中央政府的专项基金根据各地建设计划直接发放给地方政府,地方政府将中央下拨

的专项基金、地方财政专项支出预算、土地出让收益一定比例以及住房公积金净收益一并注入地方投融资分机构，作为地方投融资平台的资本金。在此基础上，全国总机构及地方分机构均可通过各种方式吸引社会资本参与，总机构筹得的社会资本根据需求注入分机构。

7.1.2 实证研究主要结论

通过对目前我国公共住房政策覆盖率最高的北京市进行实证研究可以得出如下结论：

1. 目前北京市城市住房保障还处于不足期，验证了需求发展要素。
2. 北京市历年逐步供应经济适用住房、廉租住房，公共租赁住房体系建设也已经起步，验证了供给均衡要素。

7.1.3 研究的主要创新点

公共住房政策研究在我国还是一个有待于进一步深入的课题。本文努力着眼于两个方面的创新：一是研究思路的创新。综合福利经济学、制度经济学等多种研究角度，借鉴公共政策学、房地产经济学、区域经济学等研究内容，采用计量经济学等学科的分析技术进行研究。通过归纳和演绎相结合的方法，试图从理论和实践两个方面回答城市公共住房政策如何设计的问题。二是研究内容的创新。体现规范设计，体现均衡性考量，体现应用性。构建城市公共住房政策设计供需预测及一般影响因素研究思路，并在案例地区进行验证；基于规范政策设计的概念，期望建立起适合中国国情的城市公共住房政策的设计框架。

7.2 政策建议

公共住房政策与房地产政策的本质不同，它更关注保障，是社会政策中的重要构成部分。城市公共住房政策水平受到诸多因素的影响，有的因素直接对需求产生影响，有的因素直接作用于供给能力，还有的因素对需求和供给交叉产生影响。目前我国公共住房政策的核心问题依然是数量的供需匹配问题，而从长远来看效率与公平的均衡问题也是一个重要问题。

第 7 章　结论、建议与进一步研究的计划

要构建我国的城市公共住房政策均衡体系，需要从规范的政策角度出发分析公共住房政策的系统结构及特征。一方面要为确保政策的可持续性明确我国公共住房政策的价值原则和对象选择，也就是明确公共住房政策的基本方向和着力点；另一方面要把握我国公共住房政策的基本内容和运作方式，关注政策执行过程、效果及相关影响因素。我国公共住房政策仍然需要从以下几个方面加以完善。

（1）转变政策目标，推动公共住房政策范式的转变。将公共住房政策的目标和政策设计范畴放在重视公民基本住房需求的满足和住房权利的保障上，加强社会政策意义上的公共住房政策设计。改变当前以经济发展为主导的政策取向，开放决策制定和执行过程，从价值原则、内容设计、政策执行和资源等方面完善我国的公共住房政策。

（2）打破自上而下的公共住房政策模式，构建上下结合、多主体参与的公共住房政策网络。要有效解决我国当前的基本住房问题，各级政府都要在一个社会政策视角下共同行动，形成中央政府的政策框架约束与地方政府的政策创新相结合的局面。从国际趋势来看，公共住房政策的顺利实现单靠政府力量是不够的，需要整合社会各界力量与资源，公开信息，打破主要由政府相关部门和国有房地产开发企业垄断的封闭的住房政策网络，推动政策创新。需要发挥非营利组织在协助政府推动政策顺利执行方面的重要作用。这体现在公共住房政策内容上，就是公共住房服务的递送主要体现以公共为主和公共、私人相结合的发展趋势。

（3）推进能够更好地保障供给效率与需求公平均衡的政策和经验的借鉴，研究和拓展政策内容的选择范畴。我国公共住房政策内容目前还比较简单，政策创新也仅限于在直接提供和现金补助等传统政策内容基础上的创新，这也给公共住房政策带来了资源的压力。从住房发展阶段来看，由于目前我国城市公共住房相对短缺，还要在一定时期内发挥可售实物的供给效率作用，但从供给效率与需求公平的均衡性出发，应该更多地发挥均衡性更好的可租实物（廉租住房和公共租赁住房）和住房公积金的作用，而货币补贴是住房发展到短缺缓和阶段的主力，目前可以更多地在解决"夹心层"住房方面发挥作用。

（4）要逐步完善我国的公共住房政策体系。我国是转型中的发展中国

家，由于公共住房政策是在市场化改革过程中才慢慢从完全福利住房脱离出来成为单独的政策体系，现在还处于构建政策体系过程中，手段也比较单一。从公共住房政策的发展过程来看，公共住房政策的内容逐渐地从不确定、有限到具体、多样化，存在着发展阶段的问题。如美国、新加坡等发展较早的国家，公共住房政策日益精细化，每一项具体的政策服务内容都有严格的标准、详细的目标细分和多样化的手段。而且需要有完善的住房政策体系与之相配套，例如租金管制前提是有完善的租房登记系统，而在转型国家这往往都不具备。所以，在分析构建我国的公共住房政策时，不能好高骛远，一蹴而就。

7.3 研究的局限性和进一步的研究计划

7.3.1 研究的局限性

（1）数据可得性。我国现在住房市场统计仍然不完善，没有足够的房屋普查的基本信息。目前只有地级以上城市建立了较为完整的廉租住房情况统计，县级城市没有相关数据甚至没有公共住房实践，这些可能给特定领域的研究造成困难。

（2）结果的可验证性。本论题属于社会科学的领域，政策实施过程中的复杂影响因素使得研究的结果不存在唯一的衡量标准。

（3）研究结果的适用性。由于数据和案例地区选择的限制，研究结果可能更适用于发展相对成熟的城市，而中小城市尤其是县级城市目前没有实践的数据而使得论文研究无从归纳它们的特征。

7.3.2 研究的进一步计划

在住房等基本民生问题日益受到关注的今天，城市公共住房政策的探讨与完善必然越来越重要。因此，本文的研究为后续研究留下了很大的拓展空间。

第一，将方法应用于全国更大的地域范围，讨论处于不同发展阶段的城市在方法和指标上表现如何，如何修正。

第7章 结论、建议与进一步研究的计划

第二，在未来统计数据不断完善、案例资料不断积累的基础上，继续尝试对公共住房供需规模影响因素相互间的关系作进一步深入的研究，寻找更全面的指标来表征；对不同类型城市的特征、规律、微观机制进行更为准确的界定。

第三，将城市类型与政策更加具体地结合起来，具体分析不同城市对应的政策方向和重点，讨论如何进行分类的政策指导和应用。

第四，结合公共产品的供需均衡理论，进一步对公共住房政策中均衡问题进行深入挖掘，以丰富在政府干预条件下社会福利品供需均衡的理论和实践研究。

第五，结合国家现行政策管理体系，进行管理体制的具体讨论，从机构设置、科学决策和有效实施等方面完善我国的城市公共住房政策设计与管理工作。

这些也是今后的研究中需要继续深入来做的工作。

参考文献

〔美〕阿列克斯·施瓦兹:《美国住房政策》,黄瑛译,中信出版社,2008。

〔美〕阿瑟·奥沙利文:《城市经济学》,苏晓燕译,中信出版社,第4版,1994。

〔英〕保罗·贝尔琴,〔英〕戴维·艾萨克,〔英〕吉恩·陈:《全球视角中的城市经济》,刘书翰、孙钰译,吉林人民出版社,2003。

北京市统计局:《北京统计年鉴2009》,中国统计出版社,2010。

陈劲松:《公共住房浪潮——国际模式与中国安居工程的对比研究》,机械工业出版社,2005。

陈星:《从住房市场的特点看政府对住房市场的干预和作用》,《社会学研究》1998年第6期。

成思危:《中国城镇住房制度改革——目标模式与实施难点》,民主与建设出版社,1999。

褚超孚:《城镇住房保障模式及其在浙江省的应用研究》(博士学位论文),浙江大学企业管理系,2005。

褚超孚、贾生华:《浙江省城镇住房保障"三阶段"动态演进的框架模型》,《浙江社会科学》2005年第4期。

董藩、周小萍、王宏新等:《城市中低收入家庭住房保障模式的重构——住房货币化梯度补贴方案的提出与操作思路》,http://business.sohu.com/20060604/n243570484.shtml,2006。

邓宏乾:《英国的公共住宅政策发展及启示》,《经济学动态》2000年第2期。

冯长春：《中国经济适用房住房政策评析与建议》，《城市规划》1999年第8期。

冯宗容：《房改攻坚：住房保障制度的构建》，《四川大学学报》（哲学社会科学版）2001年第3期。

冯宗容：《廉租房运作机制评析及创新》，《经济体制改革》2002年第3期。

韩冰：《我国城镇居民住房消费水平研究》，《城市问题》2000年第2期。

何晓玲：《城市低收入家庭住房保障水平模型初探》，《上海房地》2008年第7期。

侯浙珉：《关于建立基本住房保障的初步研究》，《住房保障》2009年第4期。

胡昊、〔荷〕约根·诺兹曼：《荷兰住房政策的演变及其启示》，《中国房地产研究》2002年第3期。

黄有光：《福利经济学》，中国友谊出版公司，1991。

季朗超：《非均衡的房地产市场》，经济管理出版社，2005。

贾生华：《德国住宅政策的演变和效果分析》，《外国经济与管理》1996年第3期。

简玲：《我国公共住房供给模式研究——以贵州为例》（硕士学位论文），浙江大学公共管理学院，2005。

〔美〕吉尔伯特：《社会福利政策导论》，黄晨熹、周烨、刘红译，华东理工大学出版社，2003。

金银姬：《韩国公共住房政策对中国的启示》，《城市开发》2006年第11期。

〔英〕凯恩斯：《就业、利息和货币通论》，华夏出版社，2005。

寇志荣、王洁：《关注弱势群体的住房需求——以西安为例的经济适用住房需求调查分析》，《城市建筑》2006年第1期。

李剑阁：《中国房改现状与前景》，中国发展出版社，2007。

李娜：《中国城镇适度住房保障水平研究》（硕士学位论文），中国人民大学公共管理学院土地管理系，2006。

厉以宁：《西方福利经济学评述》，商务印书馆，1986。

林坚、冯长春：《美国的住房政策》，《国外城市规划》1998年第2期。

刘洪玉、耿媛元：《住房支付能力分析》，《建筑经济》1999年第7期。

刘洪玉、郑思齐：《城市与房地产经济学》，中国建筑工业出版社，2007。

刘洪玉：《对我国当前住房问题和住房价格的思考》，《中国房地产》2007年第4期。

刘友平、张丽娟：《住房过滤理论对建立中低收入家庭住房保障制度的借鉴》，《经济体制改革》2008年第4期。

刘志峰：《住房制度改革：小平谈话突破了住房公有制思想禁锢》，2008年12月11日《人民政协报》。

龙奋杰、沈悦、刘洪玉等：《住宅市场与城市经济互动机理研究综述与展望》，《城市问题》2006年第1期。

芦金锋、王要武：《日本公营住宅的运作方法及其借鉴》，《哈尔滨建筑大学学报》2002年第4期。

罗周全、刘望平：《城市地下空间开发效益分析》，《地下空间与工程学报》2007年第1期。

孟晓苏：《住房政策的国际经验与启示》，《中国软科学》1998年第7期。

穆怀中：《社会保障适度水平研究》，《经济研究》1997年第2期。

〔英〕尼古拉斯·巴尔：《福利国家经济学》，郑秉文、穆怀中译，中国劳动社会保障出版社，2003。

潘石：《中国公共住房政策分析》（硕士学位论文），首都经济贸易大学，2002。

潘文辉：《美国低收入家庭住房保障对策对我国的启示》，《中国房地产》2005年第4期。

钱瑛瑛：《中国住房保障政策研究——经济适用房与廉租住房》，《中国房地产》2003年第8期。

邱瑞贤、杜安娜：《香港公屋制度：一半人口安居的"政府楼"》，2010年2月9日《广州日报》。

保障性住房建设专题调研小组：《关于保障性住房建设项目实施情况的调研报告》，2009年10月28日，http：//www.npc.gov.cn/npc/xinwen/jdgz/bgjy/2009-10/28/content_ 1524156.htm。

〔美〕乔治·库珀：《一本书读懂经济危机周期》，中信出版社，2010。

宋博通：《三种典型住房补贴政策的"过滤"研究》，《城乡建设》2002年第8期。

宋俊芳：《中低收入家庭住宅供需市场研究》（硕士学位论文），山东师范大学房地产系，2008。

〔美〕斯蒂格里兹：《政府经济学》，曾强等译，春秋出版社，1988。

苏振民、林炳耀：《城市居住空间分异控制：居住模式与公共政策》，《城市规划》2007年第2期。

孙冰、刘洪玉、卢玉玲：《中低收入家庭补贴的形式与效率》，《经济体制改革》第4期。

田东海：《住房政策：国际经验借鉴和中国现实选择》，清华大学出版社，1998。

汪利娜：《高房价背后的制度缺失》，《北京社会科学》2010年第2期。

王秋石：《国外住宅政策及其对我国住宅发展的启示》，《企业经济》1998年第3期。

王世联：《中国城镇住房保障制度思想变迁研究（1949-2005）》（博士学位论文），复旦大学经济学院，2006。

王微：《住房制度改革》，中国人民大学出版社，1999。

王维：《中国住房政策执行的障碍性因素分析——史密斯模型的一个解释》（硕士学位论文），北京大学政治学与行政管理系，1998。

王玉琼：《利益集团与政策决策》，《探索》2001年第2期。

〔美〕威廉·N.邓恩：《公共政策分析导论》，谢明等译，中国人民大学出版社，2002。

文林峰：《城镇住房保障》，中国发展出版社，2007。

文志鸿：《完善株洲市城镇居民住房保障制度的研究》（硕士学位论文），国防科技大学信息系统与管理学院，2004。

武文静:《廉租房保障范围扩大"反向递减"补贴低收入家庭》,2007年8月9日,http://www.ce.cn/cysc/zgfdc/fczx/200708/09/t20070809_12476236.shtml。

夏骏、阴山:《居住改变中国》,清华大学出版社,2006。

许学强、周一星:《城市地理学》,高等教育出版社,1997。

姚玲珍:《中国公共住房政策模式研究》,上海财经大学出版社,2003。

杨翠迎、何文炯:《社会保障水平与经济发展的适应性关系研究》,《公共管理学报》2004年第1期。

杨全社:《基于马斯洛需求层次理论的公共产品分类及其对供给管理的意义》,《经济研究参考》2010年第20期。

杨小宇:《廉租住房供给模式的适用性研究》(硕士学位论文),西安建筑科技大学管理学院,2004。

余凌志:《廉租住房保障水平研究》(博士学位论文),上海交通大学安泰经济与管理学院,2007。

余永定、张宇燕、郑秉文:《西方经济学》,经济科学出版社,1997。

郑思齐、符育明、刘洪玉:《城市居民对居住区位的偏好及其区位选择的实质研究》,《经济地理》2005年第2期。

〔英〕朱利安·勒·格兰德,〔英〕卡洛尔·普罗佩尔,〔英〕雷·罗宾逊:《社会问题经济学》,苗正民译,商务印书馆,2006。

朱莉萍:《城镇住房保障水平研究》(硕士学位论文),同济大学经济与管理学院,2008。

朱亚鹏:《住房货币化改革与社会公平——贵阳房改个案研究》,《武汉大学学报》(哲学社会科学版)2006年第5期。

朱亚鹏:《住房制度改革:政策创新与住房公平》,中山大学出版社,2007。

住房和城乡建设部政策研究中心课题组:《全面建设小康社会居住目标研究》,《经济研究参考》2005年第2期。

国务院编《中国21世纪议程——中国21世纪人口、环境与发展白皮书》,中国环境科学出版社,1994。

财政部:《廉租住房保障资金管理办法》,2007。

住房和城乡建设部：《住房和城乡建设部通报 2006 年城镇廉租住房制度建设情况》，2007 年 2 月 15 日，http：//news. xinhuanet. com/house/2007 - 02/15/content_ 5741351. htm。

住房和城乡建设部课题组：《住房、住房制度改革和房地产市场专题调研报告》，中国建筑工业出版社，2007。

人民网编《住房和城乡建设部负责人接受专题采访文字实录》，2009 年 3 月 11 日，http：//house. focus. cn/news/2009 - 03 - 11/636403. html。

《中国城市发展报告》编委会：《中国城市发展报告（2009）》，中国城市出版社，2010。

中国房地产研究会住房保障与公共政策专业委员会：《中国住房保障制度年度报告（征求意见稿）》，2010。

中国指数研究院：《2009 年中国土地出让金年终大盘点》，2010。

Aaron H J. 1984. Six welfare questions still searching for answers. The Brookings Review, 3 (1)：12 - 17.

Ahluwalia J S. 2007. Pathway to health：Cluster - randomized trail to increase fruit and vegetable consumption among smokers in public housing. health psychology, 26 (2)：214 - 221.

Anas A, Arnott R. 1993. Technological progress in a model of the housing land cycle. Journal of Urban Economics, 34 (2)：186 - 206.

Apparicio P. 2006. Measuring the Accessibility of Services and Facilities for Residents of Public Housing in Montreal. Urban Studies, 43 (1)：187 - 211.

Battams S. 2009. The influence of service users and NGOs on housing for people with psychiatric disability. Health Sociology Review, 18 (3)：39 - 43.

Braid R M. 1988. Uniform spatial growth with perfect foresight and durable housing. Journal of Urban Economics, 23 (1)：41 - 59.

Braid R M. 1991. Residential spatial growth with perfect foresight and durable housing. Journal of Urban Economics, 30 (3)：385 - 407.

Burns L, Grebler L. 1977. The housing of nations：analysis and policy in a comparative framework. London：Macmillan.

Chambers W, Wede K R. 2005. Social policy and social programs：a method for the practical public policy analyst (Fourth Edition). Essex: Pearson Education.

Chen J. 2006. The dynamics of housing allowance claims in Sweden: a discrete time – hazard analysis. European Journal of Housing Policy, 6 (1): 1 – 29.

Connerly C E. 2006. Fair housing in the US and the UK. Housing Studies, 21 (3): 343 – 360.

Crowley S. 2003. The affordable housing crisis: residential mobility of poor families and school mobility of poor children. The Journal of Negro Education, 72 (1): 22 – 38.

Curley A M. 2009. Draining or gaining? The social networks of public housing movers in Boston. Journal of Social and Personal Relationships, 26 (2): 227 – 247.

Dekeseredy W S. 2008. Which women are more likely to be abused? Public housing, cohabitation, and separated/divorced women. Criminal Justice Studies, 21 (4): 283 – 293.

Deng L. 2007. Comparing the effects of housing vouchers and low – income housing tax credits on neighborhood integration and school quality. Journal of Planning Education and Research, 27 (1): 20 – 35.

Edwards M. 1982. The political economy of low – income housing: new evidence from urban Columbia. Bulletin of Latin American Research, 1 (2): 45 – 61.

Eugeni M L. 2011. Disconnections of African American public housing residents: Connections to physical activity, dietary habits and obesity. American Journal of Community Psychology, 47 (3) 264 – 276.

Green R K, Malpezzi S. 2003. A primer on U. S. housing markets and housing policy. Washington D. C.: Urban Institute Press.

Gyourko J, Mayer C, Sinai T. 2006. Superstar cities. NBER Working Paper.

Himmelberg C, Mayer C, Sinai T. 2005. Assessing high house prices: bubbles, fundamentals, and misperceptions. Journal of Economic Perspectives,

19 (4): 67-92.

Hulchanski J D. 2002. Housing policy for tomorrow's cities. Discussion Paper of Canadian Policy Research Networks.

Kempen R V, Priemus H. 2002. Revolution in social housing in the Netherlands: possible effects of new housing policies. Urban Studies, 39 (2): 237-253.

Kleit R G. 2009. Homing devices: The poor as targets of public housing policy and practice. Journal of Urban Affairs, 31 (1): 112-114.

Kurz K, Blossfeld H. 2004. Home ownership and social inequality in comparative perspective. California: Stanford University Press.

Lipman B. 2006. A heavy load: the combined housing and transportation burdens of working families. Center for Housing Policy.

Lowry I. 1960. Filtering and housing standard: a conceptual analysis. Land Economics, 36 (4): 362-370.

Lux M. 2003. Efficiency and effectiveness of housing policies in the central and eastern Europe countries. European Journal of Housing Policy, 3 (3): 243-265.

Maclennan D, More A. 2001. Changing social housing in great Britain: a comparative perspective. European Journal of Housing Policy, 1 (1): 105-134.

Marcuse P. 2009. A Critical Approach to the Subprime Mortgage Crisis in the United States: Rethinking the Public Sector in Housing. City and Community, 8 (3): 351-356.

Martinez M. 2005. Distributive aspects of public expenditure on housing in Spain. European Journal of Housing Policy, 5 (3): 237-253.

Mayo S K, Malpezzi S, Gross D J. 1986. Shelter strategies for the urban poor in developing countries. The World Bank Research Observer, 1 (2): 183-203.

Milligan V R, Dieleman F M, Kempen R V. 2006. Impacts of contrasting housing policies on low-income households in Australia and the Netherlands. Journal of Housing and Built Environment, 21 (3): 237-255.

Oakley D, Burchfield K. 2009. The spatial constraints on public housing residents' relocation in Chicago. Journal of Urban Affairs, 31 (5): 589 – 614.

Ohls J C. 1975. Public policy toward low – income housing and filtering in housing markets. Journal of Urban Economics, 2 (2): 144 – 171.

Ong S E, Sing T F. 2002. Price discovery between private and public housing markets. Urban Studies, 39 (1): 57 – 67.

Orlebeke C J. 2000. The evolution of low – income housing policy: 1949 to 1999. Housing Policy Debate, 11 (2): 489 – 520.

Peters J L. 2007. Determinants of Allergen Concentrations in Apartments of Asthmatic Children Living in Public Housing. Journal of Urban Health, 84 (2): 185 – 197.

Popkin S J. 2005. Public housing transformation and the hard to house. Housing Policy Debate, 16 (1): 1 – 24.

Priemus H, Dieleman F. 2000. Social housing policy in the European Union: past, present and perspectives. Urban Studies, 39 (2): 191 – 200.

Quillian L. 2010. Blueprint for disaster: The unraveling of Chicago public housing. Contemporary Sociology, 39 (4): 456 – 457.

Ross J P. 1990. The FIRRE Act and housing for low – income families. Publius, 20 (3): 117 – 130.

Schmidt W. 1990. Public housing: for workers or the needy? The New York Times, 4 – 17.

Schwartz A E, McCabe B J, Ellen I G. 2010. Public schools, public housing: the education of children living in public housing. Urban Affairs Review, 48 (1): 68 – 89.

Sherman J. 2010. Where the Other Half Lives: Lower Income Housing in a Neoliberal World. Contemporary Sociology, 39 (3): 303 – 304.

Stolberg S G. 1999. Pennsylvania set to break taboo on reward for organ donation. New York Times, May 6: A1.

Suresh G. 2009. Homicide patterns and public housing: the case of Louisville KY (1989 – 2007). Homicide Studies, 13 (4): 411 – 433.

Sweeney J L. 1974a. A commodity hierarchy model of the rental housing market. Journal of Ubran Economics, 1 (3): 288 – 323.

Sweeney J L. 1974b. Quality, commodity hierarchies, and housing markets. Econometrica, 42 (1): 147 – 167.

VakilA C. 1999. Problems and prospects of housing CBOs—an analysis of 30 case studies from Africa and Latin American. Cities, 16 (6): 409 – 422.

Varady D P. 2009. Public housing and the legacy of segregation. Journal of housing and the built environment, 24 (3): 391 – 393.

Wang Y P. 2000. Housing reform and its impacts on the urban poor in China. Housing Studies, 15 (6): 845 – 864.

Warouw F. 2010. A Study on the Open Building System for Multi – Storey Housing in Indonesia. Journal of Asian Architecture and Building Engineering, 9 (2): 339 – 346.

Wood G, Watson R, Flatau P. 2006. Low income housing tax credit programme impacts on housing affordability in Australia: microsimulation model estimates. Housing Studies, 21 (3): 361 – 380.

Wyly E. 2010. Mapping Public Housing: The Case of New York City. City and Community, 9 (1): 82 – 86.

图书在版编目(CIP)数据

城市公共住房政策设计：基于供需均衡分析的考量/陶雪良著.
—北京：社会科学文献出版社，2012.9
 ISBN 978-7-5097-3668-5

Ⅰ.①城… Ⅱ.①陶… Ⅲ.①城市—住房政策—研究—中国
Ⅳ.①F299.233.1

中国版本图书馆 CIP 数据核字（2012）第 184151 号

城市公共住房政策设计
——基于供需均衡分析的考量

著　者 / 陶雪良

出 版 人 / 谢寿光
出 版 者 / 社会科学文献出版社
地　　址 / 北京市西城区北三环中路甲 29 号院 3 号楼华龙大厦
邮政编码 / 100029

责任部门 / 财经与管理图书事业部　（010）59367226　　责任编辑 / 王玉山
电子信箱 / caijingbu@ssap.cn　　　　　　　　　　　　 责任校对 / 谢　敏
项目统筹 / 恽　薇　　　　　　　　　　　　　　　　　 责任印制 / 岳　阳
经　　销 / 社会科学文献出版社市场营销中心　（010）59367081　59367089
读者服务 / 读者服务中心　（010）59367028

印　　装 / 北京季蜂印刷有限公司
开　　本 / 787mm×1092mm　1/16　　　　印　张 / 10.5
版　　次 / 2012 年 9 月第 1 版　　　　　　字　数 / 166 千字
印　　次 / 2012 年 9 月第 1 次印刷
书　　号 / ISBN 978-7-5097-3668-5
定　　价 / 35.00 元

本书如有破损、缺页、装订错误，请与本社读者服务中心联系更换
▲ 版权所有　翻印必究